好老师 · 好课程 · 好服务

华图教育 编著

公共基础

梳理公基高频考点 | 重点提炼 精粹易记

高频考点精粹

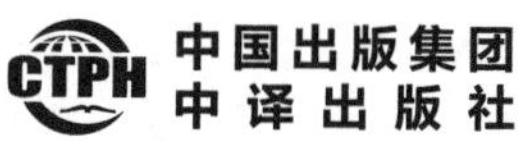

中国出版集团
中译出版社

图书在版编目(CIP)数据

公共基础高频考点精粹 / 华图教育编著. -- 北京 : 中译出版社, 2024.3

ISBN 978-7-5001-7808-8

Ⅰ. ①公… Ⅱ. ①华… Ⅲ. ①行政事业单位－招聘－考试－中国－自学参考资料 Ⅳ. ①D630.3

中国国家版本馆 CIP 数据核字(2024)第 051586 号

公共基础高频考点精粹

GONG GONG JI CHU GAO PIN KAO DIAN JING CUI

出版发行 中译出版社
地　　址 北京市西城区新街口外大街 28 号普天德胜大厦主楼 4 层
电　　话 （010）68359827，68359303（发行部）；（010）68358224（编辑部）
邮　　编 100088
电子邮箱 book@ctph.com.cn
网　　址 http://www.ctph.com.cn
责任编辑 范　伟
封面设计 华图设计中心
印　　刷 三河市刚利印务有限公司
经　　销 新华书店

规　　格 787 毫米 × 1092 毫米　1/16
印　　张 10.5
字　　数 220 千字
版　　次 2024 年 4 月第 1 版
印　　次 2024 年 4 月第 1 次

ISBN 978-7-5001-7808-8　　定价:36.00 元

目录

法　律

非　法

法　律

第一章　宪法

第一节　宪法基本理论

知识点一　宪法的概念、特征

考点梳理

一、宪法的概念

宪法是集中体现统治阶级建立民主国家的意志和利益，集中表现各种政治力量的对比关系，调整国家根本社会关系，确认和规定国家根本制度和根本任务，保障公民基本权利，具有最高法律效力的国家根本法。

二、宪法的特征

1. 宪法是国家根本法

（1）在内容上，宪法规定国家最根本、最重要的问题。

（2）在法律效力上，宪法的法律效力最高。

（3）宪法在制定和修改程序上，比普通法律严格。

修改宪法——全国人大；

宪法修正案提案——全国人大常委会或五分之一以上的全国人大代表；

宪法修正案表决——全国人大全体代表的三分之二以上多数通过。

2. 宪法是公民权利的保障书

宪法最主要、最核心的价值在于，它是公民权利的保障书。

3. 宪法是民主事实法律化的基本形式

华图点拨

全国人大只有修改宪法的职权，不能制定宪法。

试题演练

（单选题）《中华人民共和国义务教育法》《中华人民共和国未成年人保护法》等相关法律法规中特别写明“以宪法为根据制定本法”或“根据宪法、制定本法”，这表明了(　　)

A. 宪法包含了其他法律、法规

B. 宪法是公民权利的保障书

C. 一切法律、法规都不得与宪法相抵触

D. 宪法是普通法律的立法依据

【答案】D

【解析】宪法最高法律效力的表现：①宪法是制定普通法律的依据，普通法律是由宪法派生的。②任何普通法律、法规都不得与宪法的原则和精神相违背。③宪法是一切国家机关、社会团体和全体公民的最高行为准则。《中华人民共和国义务教育法》《中华人民共和国未成年人保护法》等相关法律法规中特别写明“以宪法为根据制定本法”或“根据宪法、制定本法”，体现宪法是普通法律的立法依据。因此，选择D选项。

知识点二　我国宪法的基本原则

考点梳理

一、人民主权原则

《宪法》第二条第一款规定：“中华人民共和国的一切权力属于人民。”

人民主权的具体实现形式与途径：人民代表大会制度。

人民行使国家权力的机关是全国人民代表大会和地方各级人民代表大会。

人民依照法律规定，通过各种途径和形式，管理国家事务，管理经济和文化事业，管理社会事务。

二、基本人权原则

宪法以确认和保障公民权利和自由为最高目标。

三、法治原则

《宪法》第五条第一款规定："中华人民共和国实行依法治国，建设社会主义法治国家。"

四、权力制约原则

1. 在资本主义国家宪法中，权力制约原则主要表现为分权制衡原则，在社会主义国家宪法中则表现为监督原则。

2. 社会主义国家的监督原则是由第一个无产阶级专政政权巴黎公社所首创。权力机关的组成成员由选民民主选举产生，并对选民负责，受选民监督。

3. 中华人民共和国的国家机构实行民主集中制的原则。

华图点拨

宪法是具有最高法律效力的国家根本法，是我国的母法。

试题演练

（单选题）人民代表大会制度作为我国的根本政治制度，体现了宪法中的(　　)

A. 经济效益原则　　B. 人人平等原则

C. 主权在民原则　　D. 权力分立原则

【答案】 C

【解析】 根据《宪法》第二条，中华人民共和国的一切权力属于人民。人民行使国家权力的机关是全国人民代表大会和地方各级人民代表大会。所以人民代表大会制度体现了宪法中的主权在民原则。因此，选择C选项。

【拓展】 A项：人民代表大会制度是政治制度，与经济效益原则无关。A项错误，排除。B项：人民通过人民代表大会行使国家权力，与人人平等原则无关。B项错误，排除。D项：人民通过人民代表大会行使国家权力，与权力分立原则无关。D项错误，排除。

第二节　国家基本制度

知识点一　基本经济制度

考点梳理

<table>
<tr><td rowspan="7">基本经济制度</td><td rowspan="4">公有制经济</td><td colspan="2">全民所有制、集体所有制和混合所有制中的国有成分和集体成分</td></tr>
<tr><td colspan="2">国家政策：公有制经济是我国社会主义市场经济的主体。国有经济是国民经济的主导力量。国家保障国有经济的巩固和发展。国家保护城乡集体经济组织的合法的权利和利益，鼓励、指导和帮助集体经济的发展</td></tr>
<tr><td>公有制主体地位还表现在自然资源归国家和集体所有</td><td>①矿藏、水流、森林、山岭、草原、荒地、滩涂等自然资源，都属于国家所有，即全民所有；由法律规定属于集体所有的森林和山岭、草原、荒地、滩涂除外。
②农村和城市郊区的土地，除由法律规定属于国家所有的以外，属于集体所有；宅基地和自留地、自留山，属集体所有</td></tr>
<tr><td colspan="2">包括个体经济、私营经济和三资企业等形式</td></tr>
<tr><td rowspan="2">非公有制经济</td><td colspan="2">是社会主义市场经济的重要组成部分</td></tr>
<tr><td colspan="2">国家保护个体经济、私营经济等非公有制经济的合法的权利和利益。国家鼓励、支持和引导非公有制经济的发展，并对非公有制经济依法实行监督和管理</td></tr>
</table>

华图点拨

非公有制经济是社会主义市场经济的重要组成部分，不是社会主义市场经济的补充。

试题演练

（单选题）村民赵某依法承包了本村一口水塘养鱼，承包期为30年。按照我国的水法规定，该水塘中的水资源属于(　　)

A. 国家所有，即全民所有　　　　B. 村民集体所有

C. 赵某家庭所有　　　　D. 赵某个人所有

【答案】A

【解析】根据《宪法》第九条第一款，矿藏、水流、森林、山岭、草原、荒地、滩涂等自然资源，都属于国家所有，即全民所有；由法律规定属于集体所有的森林和山岭、草原、荒地、滩涂除外。可知，该水塘中的水资源属于国家所有。因此，选择A选项。

【拓展】根据《宪法》第十条，城市的土地属于国家所有。农村和城市郊区的土地，除由法律规定属于国家所有的以外，属于集体所有；宅基地和自留地、自留山，也属于集体所有。

知识点二　民族区域自治制度

考点梳理

1. **自治地方**：自治区、州、县。

2. **自治机关**：自治区、州、县的人民代表大会和人民政府属于自治机关，自治机关除行使宪法规定的地方国家机关的职权外，还可以依法行使广泛的自治权。

3. 民族自治地方的人大常委会中应当有实行区域自治的民族的公民担任主任或副主任，自治区主席、自治州州长、自治县县长由实行区域自治的民族的公民担任。

4. **自治权**

（1）制定自治条例和单行条例权

自治区人大制定的自治条例和单行条例，报全国人大常委会批准后生效；自治州、自治县制定的自治条例和单行条例，报省、自治区、直辖市的人大常委会批准后生效，并报全国人大常委会和国务院备案，报送备案时，应当说明对法律、行政法规、地方性法规作出变通的情形。

（2）变通执行权。

华图点拨

民族乡不是自治地方；各级人民代表大会常务委员会不是自治机关。

试题演练

（单选题）民族区域自治制度是我国的基本政治制度之一，是建设中国特色社会主义政治的重要内容。下列关于民族区域自治制度说法正确的是(　　)

A. 自治权是民族区域自治制度的核心内容

B. 自治机关是自治地方的人民政府和人民法院

C. 民族区域自治制度以高度自治为前提和基础

D. 民族区域自治制度是我国处理民族关系的基本原则

【答案】 A

【解析】 民族区域自治制度，是指在国家统一领导下，各少数民族聚居的地方实行区域自治，设立自治机关，行使自治权的制度。民族区域自治制度是我国的基本政治制度之一，是建设中国特色社会主义政治的重要内容。自治权是民族区域自治的核心内容，是自治机关根据本地方实际情况贯彻执行国家法律、政策，自主地管理本民族自治地方内部事务的权力。自治权包括立法自治权、变通执行权、经济自治权、文化管理自治权及其他自治权。因此，选择 A 选项。

【拓展】 B 项：根据《宪法》第一百一十二条，民族自治地方的自治机关是自治区、自治州、自治县的人民代表大会和人民政府。B 项排除。

C 项：民族区域自治制度，是指在国家统一领导下，各少数民族聚居的地方实行区域自治，设立自治机关，行使自治权的制度。特别行政区是中华人民共和国的一个享有高度自治权的地方行政区域，直辖于中央人民政府。C 项排除。

D 项：民族平等、民族团结、各民族共同繁荣是我国处理民族关系的基本原则，民族区域自治制度是我国的民族政策，也是我国一项基本政治制度。D 项排除。

知识点三　基层群众自治组织

考点梳理

基层群众自治组织包括村委会与居委会。

1. 村民委员会的性质

村民委员会是村民自我管理、自我教育、自我服务的基层群众性自治组织，实行民主选举、民主决策、民主管理、民主监督。

2. 村民委员会的职责

村民委员会办理本村的公共事务和公益事业，调解民间纠纷，协助维护社会治安，向人民政府反映村民的意见、要求和提出建议。

3. 村民委员会的运行

乡、民族乡、镇的人民政府对村民委员会的工作给予指导、支持和帮助，但是不得干预依法属于村民自治范围内的事项。村民委员会协助乡、民族乡、镇的人民政府开展工作。

华图点拨

基层群众自治组织不属于国家机构，同基层政权的关系由法律规定。

试题演练

（多选题）基层民主制度是我国社会主义民主实现的重要组织形式。根据宪法，我国的基层群众性自治组织包括(　　)

A. 居民委员会　　B. 业主委员会

C. 村民委员会　　D. 工会

【答案】 AC

【解析】 根据《宪法》第一百一十一条，城市和农村按居民居住地区设立的居民委员会或者村民委员会是基层群众性自治组织。因此，选择 AC 选项。

【拓展】 B 项：业主委员会是指由物业管理区域内由业主选举出的业主代表组成，通过执行业主大会的决定代表业主的利益，向社会各方反映业主意愿和要求，并监督和协助物业服务企业或其他管理人履行物业服务合同的业主大会执行机构，不具备独立法人资格。B 项错误。D 项：工会，或称劳工总会、工人联合会。工会原意是指基于共同利益而自发组织的社会团体。这个共同利益团体诸如为同一雇主工作的员工，在某一产业领域的个人。D 项错误。

知识点四　选举制度

考点梳理

<table>
<tr><td rowspan="6">普遍性原则</td><td rowspan="3">享有选举权的基本条件</td><td>中国公民</td></tr>
<tr><td>年满十八周岁</td></tr>
<tr><td>未被剥夺政治权利</td></tr>
<tr><td rowspan="3">不能行使选举权的三种情况</td><td>被剥夺政治权利的人</td></tr>
<tr><td>停止行使选举权的人</td></tr>
<tr><td>精神病患者不能行使选举权利的，经选举委员会确认，不列入选民名单</td></tr>
</table>

续表

<table>
<tr><td rowspan="4">平等原则</td><td rowspan="3">含义</td><td>每个选民只能在一个地方有一个投票权</td></tr>
<tr><td>不承认也不允许任何选民因民族、职业、财产状况、家庭出身等而在选举中享有特权</td></tr>
<tr><td>不得歧视和非法限制任何选民选举权的行使</td></tr>
<tr><td>更着眼于实质上的平等</td><td>实行同票同权原则，每一代表所代表的城乡人口数相同，以及保证各地、各民族、各方面都有适当数量代表</td></tr>
<tr><td rowspan="2">直接和间接选举并用原则</td><td colspan="2">全国人民代表大会代表，省、自治区、直辖市、设区的市、自治州的人民代表大会代表，由下一级人民代表选出；选出的代表受原选举单位监督，对原选举单位负责</td></tr>
<tr><td colspan="2">不设区的市、市辖区、县、自治县、乡、民族乡、镇的人民代表大会代表，由选民直接选出，选出的代表受选民监督，对选民负责</td></tr>
<tr><td rowspan="3">秘密投票原则</td><td colspan="2">无记名投票</td></tr>
<tr><td colspan="2">同意、不同意、弃权、另选他人</td></tr>
<tr><td colspan="2">不能亲自书写的可以委托他人代写</td></tr>
</table>

华图点拨

公民不得同时担任两个以上无隶属关系的行政区域的人民代表大会代表。

试题演练

（多选题）我国实行直接选举的范围包括（　　）

A. 不设区的市和市辖区的人民代表大会代表

B. 县、自治县的人民代表大会代表

C. 设区的市的人民代表大会代表

D. 乡、民族乡、镇的人民代表大会代表

【答案】 ABD

【解析】 根据《宪法》第九十七条，省、直辖市、设区的市的人民代表大会代表由下一级的人民代表大会选举；县、不设区的市、市辖区、乡、民族乡、镇的人民代表大会代表由选民直接选举。因此，选择ABD选项。

第三节　公民的基本权利和义务

知识点一　公民的基本权利

考点梳理

平等权	平等权是指公民依法平等地享有权利，不受任何不合理的差别对待，要求国家法律给予同等的保护。法律面前人人平等，包括司法平等（公民在适用法律上平等）和守法平等
政治权利和自由	选举权和被选举权，既是公民的最基本的民主权利，又是公民参与管理国家和社会的基础和标志
	政治自由，包括言论、出版、集会、结社、游行、示威的自由
监督权	监督权包括批评、建议权，控告、检举、申诉权。对于任何国家机关和国家工作人员，有提出批评和建议的权利；对于任何国家机关和国家工作人员的违法失职行为，有向有关国家机关提出申诉、控告或者检举的权利，但是不得捏造或者歪曲事实进行诬告陷害。对于公民的申诉、控告或者检举，有关国家机关必须查清事实，负责处理。任何人不得压制和打击报复
取得赔偿权	由于国家机关和国家工作人员侵犯公民权利而受到损失的人，有依照法律规定取得赔偿的权利
宗教信仰自由	宗教信仰自由指公民依据内心的信念，自愿地信仰宗教的自由。 任何国家机关、社会团体和个人不得强制公民信仰宗教或者不信仰宗教，不得歧视信仰宗教的公民和不信仰宗教的公民。 国家保护正常的宗教活动。 宗教团体和宗教事务不受外国势力的支配
人身自由	公民的人身自由不受侵犯，任何公民，非经人民检察院批准或者决定或者人民法院决定，并由公安机关执行，不受逮捕。 禁止非法拘禁和以其他方法非法剥夺或者限制公民的人身自由，禁止非法搜查公民的身体
	公民的人格尊严不受侵犯。禁止用任何方法对公民进行侮辱、诽谤和诬告陷害
	公民的住宅权不受侵犯。禁止非法搜查或者非法侵入公民的住宅

续表

人身自由	公民的通信自由和通信秘密受法律保护。除因国家安全或者追查刑事犯罪的需要，由公安机关或者检察机关依照法律规定的程序对通信进行检查外，任何组织或者个人不得以任何理由侵犯公民的通信自由和通信秘密
社会经济、文化教育方面的权利	财产权。公民的合法的私有财产不受侵犯；国家依照法律规定保护公民的私有财产权和继承权；国家为了公共利益的需要，可以依照法律规定对公民的私有财产实行征收或者征用并给予补偿
	劳动权。有劳动能力的公民有从事劳动并取得相应报酬的权利。劳动既是公民的权利，也是公民的义务。 国家通过各种途径，创造劳动就业条件，加强劳动保护，改善劳动条件，国家对就业前的公民进行必要的劳动就业训练
	休息权。劳动者有休息的权利。国家发展劳动者休息和休养的设施，规定职工的工作时间和休假制度
	受教育权。受教育既是公民的权利，也是公民的义务
	获得物质帮助权。公民在年老、疾病或者丧失劳动能力的情况下，有从国家和社会获得物质帮助的权利
	文化权利和自由。公民有进行科学研究、文学艺术创作和其他文化活动的自由

华图点拨

劳动权与受教育权既是公民的权利，也是公民的义务。

试题演练

（单选题）对某教育局工作人员擅自改变考生赵某的高考志愿的行为，以下说法正确的是(　　)

A. 该行为没有侵犯赵某的基本权利

B. 该行为侵犯了赵某的人格尊严

C. 该行为侵犯了赵某的受教育权

D. 该行为侵犯了赵某的言论自由

【答案】 C

【解析】 根据《宪法》第四十六条第一款规定，中华人民共和国公民有受教育的权利和义务。本题中，该教育局工作人员的行为侵犯了赵某的受教育权。因此，选择 C 选项。

知识点二　公民的基本义务

考点梳理

维护国家统一和民族团结	中华人民共和国公民有维护国家统一和全国各民族团结的义务。民族关系：平等、团结、互助、和谐
遵守宪法和法律	中华人民共和国公民必须遵守宪法和法律，保守国家秘密，爱护公共财产，遵守劳动纪律，遵守公共秩序，尊重社会公德
维护祖国的安全、荣誉和利益	中华人民共和国公民有维护祖国的安全、荣誉和利益的义务，不得有危害祖国的安全、荣誉和利益的行为；保卫祖国、抵抗侵略是中华人民共和国每一个公民的神圣职责
服兵役	依照法律服兵役和参加民兵组织是年满 18 周岁的公民的义务
依法纳税	中华人民共和国公民有依照法律纳税的义务
其他基本义务	夫妻双方有实行计划生育的义务；父母有抚养教育未成年子女的义务；成年子女有赡养扶助父母的义务

华图点拨

坚持民族平等、民族团结和各民族共同繁荣是我国处理民族关系的基本原则。

试题演练

（多选题）下列选项中，属于我国公民基本义务的有（　　）

A. 依法纳税　　　　　　　　B. 依法服兵役

C. 保卫祖国，抵抗侵略　　　D. 遵守宪法和法律

【答案】 ABD

【解析】 A 项：根据 2018 年版《宪法》第五十六条，中华人民共和国公民有依照法律纳税的义务。A 项正确。

BC 项：根据 2018 年版《宪法》第五十五条，保卫祖国、抵抗侵略是中华人民共和国每一个公民的神圣职责。依照法律服兵役和参加民兵组织是中华人民共和国公民的光荣义务。B 项正确，C 项错误。

D 项：根据 2018 年版《宪法》第三十三条第四款，任何公民享有宪法和法律规定的权利，同时必须履行宪法和法律规定的义务。D 项正确。

第四节　国家机构

知识点一　权力机关

考点梳理

1. 全国人民代表大会

性质和地位	全国人大是国家最高的权力机关、立法机关
组成和任期	(1) 全国人大由省、自治区、直辖市、特别行政区和军队代表组成。我国目前采取的是地域代表制与职业代表制（军队）相结合，且以地域代表制为主的代表制。 (2) 全国人大代表的名额总数不超过 3000 人，每一少数民族都应有自己的代表，人口特别少的少数民族至少应有一名代表。 (3) 全国人大每届任期为 5 年
职权	修改宪法
	监督宪法的实施
	制定和修改刑事、民事、国家机构的和其他的基本法律。法律和其他议案由全国人民代表大会以全体代表的过半数通过
职权	选举中华人民共和国主席、副主席
	根据中华人民共和国主席的提名，决定国务院总理的人选；根据国务院总理的提名，决定国务院副总理、国务委员、各部部长、各委员会主任、审计长、秘书长的人选
	选举中央军事委员会主席；根据中央军事委员会主席的提名，决定中央军事委员会其他组成人员的人选
	选举最高人民法院院长
	选举最高人民检察院检察长
	选举国家监察委员会主任
	审查和批准国民经济和社会发展计划和计划执行情况的报告
	审查和批准国家的预算和预算执行情况的报告
	改变或者撤销全国人民代表大会常务委员会不适当的决定
	批准省、自治区和直辖市的建置

续表

职权	决定特别行政区的设立及其制度
	决定战争和和平的问题
	应当由最高国家权力机关行使的其他职权

2. 全国人民代表大会常务委员会

性质和地位	全国人大常委会是全国人民代表大会的常设机关，在全国人民代表大会闭会期间行使最高国家权力
组成任期	全国人大常委会由委员长、副委员长若干人、秘书长、委员若干人组成。全国人大常委会的组成人员不得担任国家行政机关、监察机关、审判机关和检察机关的职务。 全国人大常委会的任期与全国人大相同，即 5 年。委员长、副委员长连续任职不得超过两届
职权	解释宪法，监督宪法的实施
	制定和修改除应由全国人民代表大会制定的法律以外的其他法律；在全国人民代表大会闭会期间，对全国人民代表大会制定的法律进行部分补充和修改，但是不得同该法律的基本原则相抵触
	解释法律
	在全国人民代表大会闭会期间，审查和批准国民经济和社会发展计划、国家预算在执行过程中所必须作的部分调整方案
	监督国务院、中央军事委员会、国家监察委员会、最高人民法院和最高人民检察院的工作
	撤销国务院制定的同宪法、法律相抵触的行政法规、决定和命令
	撤销省、自治区、直辖市国家权力机关制定的同宪法、法律和行政法规相抵触的地方性法规和决议
	在全国人民代表大会闭会期间，根据国务院总理的提名，决定部长、委员会主任、审计长、秘书长的人选
	在全国人民代表大会闭会期间，根据中央军事委员会主席的提名，决定中央军事委员会其他组成人员的人选
	根据国家监察委员会主任的提请，任免国家监察委员会副主任、委员
	根据最高人民法院院长的提请，任免最高人民法院副院长、审判员、审判委员会委员和军事法院院长

续表

职权	根据最高人民检察院检察长的提请，任免最高人民检察院副检察长、检察员、检察委员会委员和军事检察院检察长，并且批准省、自治区、直辖市的人民检察院检察长的任免
	决定驻外全权代表的任免
	决定同外国缔结的条约和重要协定的批准和废除
	规定军人和外交人员的衔级制度和其他专门衔级制度
	规定和决定授予国家的勋章和荣誉称号
	决定特赦
	在全国人民代表大会闭会期间，如果遇到国家遭受武装侵犯或者必须履行国际间共同防止侵略的条约的情况，决定战争状态的宣布
	决定全国总动员或者局部动员
	决定全国或者个别省、自治区、直辖市进入紧急状态
	全国人民代表大会授予的其他职权

华图点拨

全国人大通过法律案以及其他议案，选举和罢免国家领导人都要经过以下四个阶段：(1) 提出议案。(2) 审议议案。(3) 表决议案。(4) 公布法律、决议。

试题演练

(单选题) 全国人民代表大会的性质是(　　)

A. 最高权力机关

B. 最高指挥机关

C. 最高决策机关

D. 最高司法机关

【答案】 A

【解析】 根据《宪法》第五十七条，中华人民共和国全国人民代表大会是最高国家权力机关。它的常设机关是全国人民代表大会常务委员会。因此，选择A选项。

知识点二　国家主席

考点梳理

性质和地位	中华人民共和国主席是我国的国家元首，是我国国家机构的重要组成部分，对外代表中华人民共和国
职权	代表国家，进行国事活动
	代表国家，接受外国使节
	根据全国人大常委会的决定，批准或废除同外国缔结的条约和重要协定
	公布法律，发布命令
	发布特赦令、宣布进入紧急状态、发布动员令、宣布战争状态等
	国务院总理、副总理、国务委员、各部部长、各委员会主任、审计长、秘书长，经全国人大或全国人大常委会正式确定人选后，由国家主席宣布其任职或免职。国家主席根据全国人大常委会的决定，派遣或召回驻外全权代表
	根据全国人大常委会的决定，代表国家向那些对国家有重大功勋的人授予荣誉奖章和光荣称号

华图点拨

国家主席（副主席）的任职基本条件：（1）在政治方面，必须是有选举权和被选举权的中华人民共和国公民；（2）必须年满 45 周岁。

试题演练

（判断题）国家主席做出的行为对全国人民代表大会负责。（　　）

【答案】错误

【解析】根据《宪法》第七十九条第一款，中华人民共和国主席、副主席由全国人民代表大会选举产生。并没有明确规定对其负责问题。因此，本题错误。

【拓展】根据《宪法》第三条，中华人民共和国的国家机构实行民主集中制的原则。全国人民代表大会和地方各级人民代表大会都由民主选举产生，对人民负责，受人民监督。国家行政机关、监察机关、审判机关、检察机关都由人民代表大会产生，对它负责，受它监督。中央和地方的国家机构职权的划分，遵循在中央的统一领导下，充分发挥地方的主动性、积极性的原则。

知识点三　国务院

考点梳理

性质和地位	国务院，即中央人民政府，是最高国家权力机关的执行机关，是最高国家行政机关
组成和任期	(1) 国务院由总理、副总理若干人、国务委员若干人、各部部长、各委员会主任、审计长、秘书长组成。 (2) 国务院每届任期同全国人大每届任期相同。总理、副总理、国务委员连续任职不得超过两届
领导体制	国务院实行总理负责制。 各部、各委员会实行部长、主任负责制
职权	根据宪法和法律，规定行政措施，制定行政法规，发布决定和命令
	向全国人民代表大会或者全国人民代表大会常务委员会提出议案
	规定各部和各委员会的任务和职责，统一领导各部和各委员会的工作，并且领导不属于各部和各委员会的全国性的行政工作
职权	统一领导全国地方各级国家行政机关的工作，规定中央和省、自治区、直辖市的国家行政机关的职权的具体划分
	编制和执行国民经济和社会发展计划和国家预算
	领导和管理经济工作和城乡建设、生态文明建设
	领导和管理教育、科学、文化、卫生、体育和计划生育工作
	领导和管理民政、公安、司法行政等工作
	管理对外事务，同外国缔结条约和协定
	领导和管理国防建设事业
	改变或者撤销各部、各委员会发布的不适当的命令、指示和规章
	改变或者撤销地方各级国家行政机关的不适当决定和命令
	批准省、自治区、直辖市的区域划分，批准自治州、县、自治县、市的建置和区域划分
	依照法律规定决定省、自治区、直辖市的范围内部分地区进入紧急状态

华图点拨

中华人民共和国国务院，前身为成立于 1949 年 10 月 1 日的中央人民政府政务院。

1954 年 9 月，中华人民共和国第一届全国人民代表大会第一次会议召开。这次会议决定并成立了“中华人民共和国国务院”。

试题演练

（单选题）在一起行政诉讼案件中，被告人进行处罚的依据是国务院某部制定的一个行政规章，原告认为该规章违反了有关法律。根据我国宪法规定，下列有权改变或撤销不适当的行政规章的是(　　)

A. 国务院　　B. 全国人民代表大会常务委员会

C. 最高人民法院　　D. 全国人民代表大会法律委员会

【答案】 A

【解析】 根据《宪法》第八十九条的规定，国务院行使下列职权：（十三）改变或者撤销各部、各委员会发布的不适当的命令、指示和规章；故国务院有权改变或者撤销不适当的部门规章。因此，选择 A 选项。

知识点四　中央军事委员会

考点梳理

性质地位	中央军事委员会是全国武装力量的最高领导机关
组成与任期	1. 中央军委由主席、副主席若干人、委员若干人组成。 2. 中央军委每届任期同全国人大每届任期相同，即为期五年，没有届数限制
领导体制	中央军委实行主席负责制。中央军委主席对全国人大和全国人大常委会负责

华图点拨

武装部不是全国武装力量的最高领导机关，中央军事委员会是全国武装力量的最高领导机关。

试题演练

（单选题）根据我国《宪法》规定，中央军事委员会实行(　　)

A. 集体负责制　　B. 委员会负责制

C. 主席负责制　　D. 总理负责制

【答案】C

【解析】根据《宪法》第九十三条，中华人民共和国中央军事委员会领导全国武装力量。中央军事委员会由下列人员组成：主席，副主席若干人，委员若干人。中央军事委员会实行主席负责制。中央军事委员会每届任期同全国人民代表大会每届任期相同。因此，选择C选项。

知识点五　司法机关

考点梳理

1. 人民法院

性质	人民法院是我国的审判机关
领导体制	监督关系：最高人民法院监督地方各级人民法院和专门人民法院的审判工作，上级人民法院监督下级人民法院的审判工作
审级制度	四级两审终审制
工作原则	1. 法院依法独立行使审判权，不受行政机关、社会团体和个人的干涉； 2. 公民在适用法律上一律平等，不允许有任何特权； 3. 人民法院审理案件，除法律规定的特殊情况外，一律公开进行； 4. 被告人有权获得辩护； 5. 各民族公民都有用本民族语言文字进行诉讼的权利

2. 人民检察院

性质	国家的法律监督机关
领导体制	最高人民检察院领导地方各级人民检察院和专门人民检察院的工作，上级人民检察院领导下级人民检察院的工作。 最高人民检察院对全国人民代表大会和全国人民代表大会常务委员会负责。地方各级人民检察院对产生它的国家权力机关和上级人民检察院负责
工作原则	人民检察院依法独立行使检察权，不受行政机关、社会团体和个人的干涉； 公民在适用法律上一律平等，不允许有任何特权； 保障各民族公民都有使用本民族语言文字进行诉讼的权利

华图点拨

上下级法院是监督关系。上下级检察院是领导关系。

试题演练

（单选题）国家的法律监督机关是（　　）

A. 人民检察院　　B. 纪律检查委员会

C. 监察部门　　D. 纪检、监察部门

【答案】A

【解析】根据《宪法》第一百三十四条中华人民共和国人民检察院是国家的法律监督机关。因此，选择A选项。

知识点六　监察机关

考点梳理

性质和地位	国家监察委员会和各级监察委员会是国家监察机关
组织体系	国家监察委员会由下列人员组成：主任，副主任若干人，委员若干人。 国家监察委员会主任每届任期同本级人民代表大会每届任期相同。国家监察委员会主任连续任职不得超过两届
领导体制	双重负责制、领导关系： 1. 国家监察委员会是最高监察机关。国家监察委员会领导地方各级监察委员会的工作，上级监察委员会领导下级监察委员会的工作。 2. 国家监察委员会对全国人民代表大会和全国人民代表大会常务委员会负责。地方各级监察委员会对产生它的国家权力机关和上一级监察委员会负责

华图点拨

监察机关办理职务违法、职务犯罪案件，应当与审判机关、检察机关、执法部门互相配合，互相制约。

试题演练

（单选题）根据宪法和法律的规定，下列关于监察机关的表述，正确的是（　　）

A. 国家监察委员会是行使国家监察职能的司法机关

B. 地方各级监察委员会仅对产生它的国家权力机关负责

C. 我国乡镇一级不设监察委员会

D. 国家监察委员会主任、副主任连续任职不得超过两届

【答案】 C

【解析】 根据《监察法》第七条规定，中华人民共和国国家监察委员会是最高监察机关。省、自治区、直辖市、自治州、县、自治县、市、市辖区设立监察委员会。

第二章　民法

第一节　总则编

知识点一　民法的原则

考点梳理

概念	民法是调整**平等主体**的**自然人、法人和非法人组织**之间的**人身关系**和**财产关系**的法律规范的总和
基本原则	平等原则：民事主体的**法律地位一律平等**，是民法的**首要原则**
	自愿原则：也叫私法自治原则或意思自治原则，当事人**按照自己的意思**设立、变更、终止民事法律关系
	公平原则：体现为**权利、义务对等**
	诚信原则：被称为民法的“**帝王原则**”，民事主体从事民事活动，应当**遵循诚信原则，秉持诚实，恪守承诺**
	守法和公序良俗原则：依法处理民事纠纷，法律没有规定可以适用习惯，但是**不得违背公共秩序、善良风俗**
	节约资源保护生态环境原则：从事民事活动应当**有利于节约资源、保护生态环境**

华图点拨

公序，指公共秩序，是指国家社会的存在及其发展所必需的一般秩序；良俗，指善良风俗，是指国家社会的存在及其发展所必需的一般道德 。公序良俗指民事主体的行为应当遵守公共秩序，符合善良风俗。例如：代孕协议就不符合一般的道德，因此违反了公序良俗。

试题演练

（单选题）程某和方某签订电视机买卖合同，合同约定交付标的物为“彩虹牌”

电视机 15 台，而程某交付的是“彩红牌”电视机 15 台，方某以标的物不符合约定为由拒收，双方诉至法院。此案例中，程某违背了民法基本原则中的：

A. 诚实信用原则　　B. 自愿原则

C. 公序良俗原则　　D. 平等原则

【答案】 A

【解析】 题干中，程某和方某签订电视机买卖合同，合同约定标的物为“彩虹牌”电视机 15 台，而程某交付的是“彩红牌”电视机 15 台，违背了诚实信用原则。

知识点二　民法主体

考点梳理

一、民事主体的分类

民事主体，是指民事法律关系的参与者、民事权利的享有者、民事义务的履行者和民事责任的承担者。民事主体可分为**自然人、法人和非法人组织**。

二、自然人的民事权利能力

范围	**始于出生、终于死亡**（自然人的出生时间和死亡时间，以**出生证明、死亡证明**记载的时间为准；没有出生证明、死亡证明的，以**户籍登记或者其他有效身份登记记载**的时间为准。有其他证据以推翻以上记载时间的，以该证据证明的时间为准）
特殊情况	胎儿的民事权利能力：**涉及遗产继承、接受赠与等胎儿利益保护的**，胎儿**视为**具有民事权利能力。但是胎儿娩出时为死体的，其民事权利能力**自始不存在**

民事权利能力是指民事主体依法**享有民事权利和承担民事义务的资格**。

三、自然人的民事行为能力

自然人的民事行为能力是指自然人能通过自己的行为取得民事权利和承担民事义务的资格。

民事主体	年龄	精神健康状况
无民事行为能力人	$X<8$	完全不能辨认自己行为的成年人
限制民事行为能力人	$8 \leqslant X<18$	不能完全辨认自己行为的成年人
完全民事行为能力人	$X \geqslant 18$	精神正常的成年人

1. 十六周岁以上的未成年人，以**自己的劳动收入为主要生活来源**的，**视为**完全民事行为能力人。

2. 限制民事行为能力人实施民事法律行为由其法定代理人代理或者经其法定代理人同意、追认；但是，**可以独立实施纯获利益的民事法律行为或者与其年龄、智力、精神状况相适应的民事法律行为**。

3. 无民事行为能力人由其法定代理人代理实施民事法律行为。

四、法人和非法人组织

法人是与自然人相对应的民事主体。非法人组织是具有民事权利能力和民事行为能力，依法独立享有民事权利和承担民事义务的**组织**。

<table>
<tr><td rowspan="3">法人</td><td>营利法人</td><td>以取得利润并分配给出资人为目的成立的法人，主要是有限责任公司和股份有限公司两种类型</td></tr>
<tr><td>非营利法人</td><td>为公益目的或者其他非营利目的成立，不向出资人、设立人或者会员分配所取得利润的法人。包括事业单位、社会团体、基金会、社会服务机构等</td></tr>
<tr><td>特别法人</td><td>包括机关法人、农村集体经济组织法人、城镇农村的合作经济组织法人、基层群众性自治组织法人等</td></tr>
<tr><td>非法人组织</td><td colspan="2">不具有法人资格，但能够依法以自己的名义从事民事活动的组织。
常见的非法人组织有个人独资企业、合伙企业、不具有法人资格的专业服务机构等。
非法人组织的财产不足以清偿债务的，其出资人或者设立人承担无限责任。法律另有规定的，依照其规定</td></tr>
</table>

华图点拨

公民具有权利能力不一定有行为能力，但有行为能力一定有权利能力。

试题演练

（多选题）下列属于限制民事行为能力人的是（　　）

A. 甲，20 周岁，大专毕业后赋闲在家

B. 乙，36 周岁，患有精神病，不能完全辨认自己的行为

C. 丙，17 周岁，以开网店取得的收入作为主要生活来源

D. 丁，8 周岁，正在上小学

【答案】 BD

【解析】 根据《民法典》第二十二条，不能完全辨认自己行为的成年人为限制民事行为能力人，实施民事法律行为由其法定代理人代理或者经其法定代理人同意、追认；但是，可以独立实施纯获利益的民事法律行为或者与其智力、精神健康状况相适应的民事法律行为。《民法典》第十九条，八周岁以上的未成年人为限制民事行为能力人，实施民事法律行为由其法定代理人代理或者经其法定代理人同意、追认；但是，可以独立实施纯获利益的民事法律行为或者与其年龄、智力相适应的民事法律行为。因此，选择 BD 选项。

知识点三　民事法律行为

考点梳理

有效的情形	行为人**具有相应的民事行为能力**； **意思表示真实**； **不违反法律、行政法规的强制性规定，不违背公序良俗**
无效的情形	**无民事行为能力人实施的**民事法律行为
	行为人与相对人**以虚假的意思表示实施的**民事法律行为无效
	行为人与相对人**恶意串通，损害他人合法权益的**民事法律行为无效
	违反法律、行政法规的强制性规定的民事法律行为无效，但是该强制性规定不导致该民事法律行为无效的除外
	违背公序良俗的民事法律行为无效
可撤销的情形	**欺诈**
	胁迫
	重大误解
	显失公平
效力待定的情形	**无权代理行为**
	限制民事行为能力人依法不能独立实施的民事行为

华图点拨

无效的民事行为是自始无效，在中国买卖枪支弹药、代孕协议、借腹生子、包二奶协议等都是无效的。

试题演练

（单选题）下列属于无效民事行为的是(　　)

A. 6 岁的小王将父亲的高级相机以 5000 元的价格卖给了二手店

B. 小红的父亲将小红关押在房间内数日，逼迫其答应嫁给了小王

C. 小冯趁小朱家中急用钱，说服小朱将家中名画低价卖给了自己

D. 小张将 500 万元的合同价款打印成了 500 元，并与对方签订了合同

【答案】 A

【解析】 根据《民法典》第一百四十四条，无民事行为能力人实施的民事法律行为无效。A 项中 6 岁的小王属于无民事行为能力人，其实施的行为都是无效的。因此，选择 A 选项。

【拓展】 B 项：根据《民法典》第一千零五十二条，因胁迫结婚的，受胁迫的一方可以向人民法院请求撤销婚姻。B 项中的小红受到父亲的胁迫而结婚的属于可撤销的婚姻。B 项排除。C 项：根据《民法典》第一百五十一条，一方利用对方处于危困状态、缺乏判断能力等情形，致使民事法律行为成立时显失公平的，受损害方有权请求人民法院或者仲裁机构予以撤销。C 项属于可撤销的民事法律行为。C 项排除。D 项：根据《民法典》第一百四十七条，基于重大误解实施的民事法律行为，行为人有权请求人民法院或者仲裁机构予以撤销。D 项中小张将 500 万元打印成 500 元，属于可撤销的民事法律行为。D 项排除。

第二节　物权编

知识点一　物权概述

考点梳理

物权，是指权利人依法对特定的物享有**直接支配和排他的权利**，包括**所有权、用益物权和担保物权**。

<table>
<tr><th colspan="2">物权变动的公示方式</th></tr>
<tr><td rowspan="2">一般规定</td><td>动产：交付</td></tr>
<tr><td>不动产：登记</td></tr>
<tr><td colspan="2">公信力的体现——善意取得</td></tr>
<tr><td>概念</td><td>无权处分人将其受托占有的他人的财物（动产或者不动产）转让给第三人的，如受让人在取得该财产时系出于善意，则受让人取得该物的所有权，原权利人丧失所有权</td></tr>
<tr><td rowspan="4">构成要件</td><td>无权处分</td></tr>
<tr><td>受让人受让该不动产或者动产时是善意(不知是无权处分）的</td></tr>
<tr><td>以合理的价格转让（排除无偿取得财产的情形，排除明显不合理的低价）</td></tr>
<tr><td>转让的不动产或者动产依照法律规定应当登记的已经登记，不需要登记的已经交付给受让人（完成公示）</td></tr>
</table>

华图点拨

动产是指能够移动并且不因移动损害价值的物，如金钱、汽车等；不动产是指不能移动或者可移动但会因移动损害价值的物，如房屋、土地等。

盗赃物和遗失物不构成善意取得。

试题演练

（单选题）甲将自己的一套房子转让给乙，乙装修完住了三年后转让给丙，丙居住一年后又转让给丁。以上几次转让均未办理房屋产权登记手续。现甲、乙、丙、丁就房屋所有权发生争议。该房屋所有权应属于(　　)

A. 甲　　　　B. 乙

C. 丙　　　　D. 丁

【答案】 A

【解析】 根据2021年版《民法典》第二百零九条规定，不动产物权的设立、变更、转让和消灭，经依法登记，发生效力；未经登记，不发生效力，但是法律另有规定的除外。这几次转让均未办理房屋产权登记手续。

知识点二　所有权

考点梳理

一、概念

所有权是指所有权人对自己的不动产或者动产所依法享有的**占有、使用、收益和处分**的权利。

二、所有权的内容

1. 占有；2. 使用；3. 收益；4. 处分。

三、所有权的种类

1. 国家所有权：法律规定属于国家所有的财产，属于国家所有即全民所有。国有财产由国务院代表国家行使所有权。

国家专有财产	其他国有财产
矿藏、水流、海域； **无居民海岛；** **城市的土地；** **无线电频谱资源；** **国防资产**	法律规定属于国家所有的农村和城市郊区的土地； 森林、山岭、草原、荒地、滩涂等自然资源，属于国家所有，但是法律规定属于集体所有的除外； 法律规定属于国家所有的野生动植物资源； 法律规定属于国家所有的文物； 铁路、公路、电力设施、电信设施和油气管道等基础设施，依照法律规定为国家所有的

2. 集体所有权：农民集体所有的不动产和动产，属于本集体成员集体所有。

集体所有的不动产和动产包括：

（1）法律规定属于集体所有的土地和森林、山岭、草原、荒地、滩涂；

（2）集体所有的建筑物、生产设施、农田水利设施；

（3）集体所有的教育、科学、文化、卫生、体育等设施；

（4）集体所有的其他不动产和动产。

3. 私人所有权：私人对其合法的收入、房屋、生活用品、生产工具、原材料等不动产和动产享有所有权。私人的合法财产受法律保护，禁止任何组织或者个人侵

占、哄抢、破坏。

华图点拨

公民合法的私有财产不受侵犯；国家依照法律规定保护公民的私有财产权；社会主义的公共财产神圣不可侵犯。

试题演练

（单选题）甲将一件内藏5000元的旧大衣丢到垃圾堆，后被拾荒人乙拾取，并发现了此钱。甲闻讯后到乙家要钱，未果。则下列说法中正确的是(　　)

A. 乙依据先占原则得到了衣服和钱

B. 甲已抛弃了衣和钱，因此无权再要回

C. 该钱为隐藏物，乙因发现而取得

D. 乙应将钱返还给甲，仅仅保留衣服

【答案】 D

【解析】 根据《民法典》第三百一十四条，拾得遗失物，应当返还权利人。拾得人应当及时通知权利人领取，或者送交公安等有关部门。又根据《民法典》第三百一十九条，拾得漂流物、发现埋藏物或者隐藏物的，参照适用拾得遗失物的有关规定。法律另有规定的，依照其规定。本题中，衣服为抛弃物，但5000元为隐藏物，所有权人明确，乙应将钱返还给甲，仅仅保有衣服。因此，选择D选项。

【拓展】 隐藏物是指隐匿于他物之中的物。抛弃物是指所有人自动放弃占有和自动放弃所有权的物品。因抛弃物为无主财产，可依先占原则归拾得者所有。

知识点三　用益物权

考点梳理

用益物权是指对他人之物所享有的**占有、使用和收益**的物权	
建设用地使用权	使用权人依法对国家所有的土地享有占有、使用和收益的权利，有权利用该土地**建造建筑物、构筑物及其附属设施**
土地承包经营权	农业生产经营者以**种植、养殖、畜牧等农业生产为目的**，对集体所有或者国家所有的由农村集体使用的土地进行占有、使用、收益的权利

续表

<table>
<tr><td>宅基地使用权</td><td colspan="2">农村居民在依法取得的农村集体组织所有的宅基地上建筑房屋，以供居住使用的权利</td></tr>
<tr><td>地役权</td><td colspan="2">为使用自己不动产的便利或提高其效益而按照合同约定利用他人不动产的权利</td></tr>
<tr><td rowspan="2">居住权</td><td colspan="2">居住权人有权按照合同约定，对他人的住宅享有占有、使用的用益物权，以满足生活居住的需要</td></tr>
<tr><td>设立</td><td>设立方式：
1. 采用书面形式订立居住权合同；
2. 以遗嘱方式设立</td></tr>
<tr><td rowspan="7">居住权</td><td rowspan="3">设立</td><td>居住权合同条款：
1. 当事人的姓名或者名称和住所；
2. 住宅的位置；
3. 居住的条件和要求；
4. 居住权期限；
5. 解决争议的方法</td></tr>
<tr><td>居住权无偿设立，但是当事人另有约定的除外</td></tr>
<tr><td>设立居住权的，应当向登记机构申请居住权登记；
居住权自登记时设立</td></tr>
<tr><td rowspan="2">限制</td><td>居住权不得转让、继承</td></tr>
<tr><td>设立居住权的住宅不得出租，但是当事人另有约定的除外</td></tr>
<tr><td rowspan="2">消灭</td><td>情形：1. 居住权期限届满；2. 居住权人死亡</td></tr>
<tr><td>居住权消灭的，应当及时办理注销登记</td></tr>
</table>

华图点拨

居住权为《民法典》新增制度，生活中常见于离婚夫妻为对方设置居住权，空巢老人为长期照顾自己的保姆设置居住权等。

试题演练

（单选题）根据《中华人民共和国民法典》的规定，居住权人有权按照合同约定，对他人的住宅享有占有、使用的（　　），以满足居住的需要。

A. 所有权　　B. 用益物权

C. 债权　　D. 质权

【答案】B

【解析】根据2021年版《民法典》第三百六十六条，居住权人有权按照合同约定，对他人的住宅享有占有、使用的用益物权，以满足生活居住的需要。因此，选择B选项。

【拓展】根据2021年版《民法典》第三百六十七条，设立居住权，当事人应当采用书面形式订立居住权合同。居住权合同一般包括下列条款：（一）当事人的姓名或者名称和住所；（二）住宅的位置；（三）居住的条件和要求；（四）居住权期限；（五）解决争议的方法。

第三节　债权编

债的发生原因

考点梳理

一、合同之债

（1）概念：合同是平等主体的自然人、法人和其他组织之间**设立、变更、终止**民事权利义务关系的协议。

（2）订立

①要约：当事人一方向对方发出的希望与对方订立合同的意思表示。发出要约的一方称**要约人**，接受要约的一方称**受要约人**。

②承诺：受要约人同意要约的意思表示。要约经受要约人承诺，表明当事人之间达成协议，合同即告成立。

二、侵权行为之债

如果一方实施了侵权行为，就在加害人和受害人之间产生特定的权利义务关系。

三、无因管理之债

（1）概念：没有法定或约定的义务，为避免他人利益受到损害而进行管理和服务的行为。受益人则要承担支付管理人由于无因管理事实而发生的费用的义务。

(2) 无因管理的构成要件

①须管理他人的事务；

②须有为他人管理事务的意思；

③无法定或约定的义务；

④管理事务利于本人且不违反本人明示或可推知的意思表示。

(3) 无因管理之债的效力

①管理人享有请求偿还因管理事务所支出的必要费用的权利；

②本人负有偿付该项费用的义务。

四、不当得利之债

(1) 概念：是指无法律上的原因而获得利益，致使他人受损失的事实。

(2) 不当得利的成立要件

①一方取得财产利益；

②一方受有损失；

③取得利益与所受损失间有因果关系；

④没有法律上的根据。

(3) 不当得利的效力

返还的不当利益，应当包括原物和原物所生的孳息。

华图点拨

要约往往采用对话方式和信函的方式，要约邀请往往通过电视、报刊等媒介手段；要约是当事人自己主动愿意订立合同的意思表示，要约邀请是当事人希望对方主动向自己提出订立合同的意思表示；要约必须包括将来可能订立合同的主要的内容，要约邀请不含有当事人接受约束的意思。考试中常见的要约邀请：寄送的拍卖公告、招标公告、招股说明书、一般商业广告。

试题演练

(单选题) 潘某在云南旅游期间生病晕倒，路边小吃摊主马某将潘某送入医院并垫付了医药费。潘某病愈出院后，马某要求其返还医药费。对此，下列说法正确的是(　　)

A. 马某的行为构成无因管理

B. 马某支付的医药费构成潘某的不当得利

C. 马某的行为构成见义勇为

D. 如潘某不返还医药费则构成对马某的侵权

【答案】 A

【解析】 根据2021年版《民法典》第九百七十九条，管理人没有法定的或者约定的义务，为避免他人利益受损失而管理他人事务的，可以请求受益人偿还因管理事务而支出的必要费用；管理人因管理事务受到损失的，可以请求受益人给予适当补偿。管理事务不符合受益人真实意思的，管理人不享有前款规定的权利；但是，受益人的真实意思违反法律或者违背公序良俗的除外。题目中潘某在云南旅游期间生病晕倒，马某将潘某送入医院并垫付了医药费，属于无因管理。因此，选择A选项。

【拓展】 B项：根据2021年版《民法典》第一百二十二条，因他人没有法律根据，取得不当利益，受损失的人有权请求其返还不当利益。题目中潘某因生病晕倒，马某将其送入医院并垫付了医药费，马某支付的医药费不构成潘某的不当得利。B项错误，排除。

C项：见义勇为是指个人不顾自身安危通过同违法犯罪行为做斗争或者抢险、救灾、救人等方式保护国家、集体的利益和他人的人身、财产安全的一种行为。题目中马某的行为不属于见义勇为。C项错误，排除。

D项：根据2021年版《民法典》第一百八十三条，因保护他人民事权益使自己受到损害的，由侵权人承担民事责任，受益人可以给予适当补偿。没有侵权人、侵权人逃逸或者无力承担民事责任，受害人请求补偿的，受益人应当给予适当补偿。题目中马某和潘某不存在上述法条中的情况，所以潘某不返还医药费不构成对马某的侵权。D项错误，排除。

第四节　人格权编

知识点一　人格权的一般规定

考点梳理

人格权的种类	一般人格权：基于人身自由、人格尊严产生的其他人格权益	
	具体人格权	**物质性人格权**：生命权、身体权、健康权
		精神性人格权：姓名/名称/肖像/名誉/荣誉/隐私权等

华图点拨

近年来社会上通过各种形式侵犯人格权的现象层出不穷，比如：狗仔在未经明星同意的情况下，将明星的个人航班信息在网络上扩散传播，并以此获利，构成对明星人格权的侵犯。

试题演练

（多选题）下列关于人格权的表述，正确的有（　　）

A. 人格权不得放弃、转让或者继承

B. 禁止以任何形式买卖人体细胞、人体组织、人体器官、遗体

C. 人格权包括生命权、身体权、健康权、姓名权、名称权、肖像权、名誉权、隐私权等权利

D. 为公共利益实施新闻报道、舆论监督等行为的，可以合理使用民事主体的姓名、名称、肖像、个人信息等，但应征得民事主体的同意

【答案】 ABC

【解析】 A项：根据《民法典》第九百九十二条，人格权不得放弃、转让或者继承。A项正确，当选。

B项：根据《民法典》第一千零七条，禁止以任何形式买卖人体细胞、人体组织、人体器官、遗体。违反前款规定的买卖行为无效。B项正确，当选。

C项：根据《民法典》第九百九十条，人格权是民事主体享有的生命权、身体权、健康权、姓名权、名称权、肖像权、名誉权、荣誉权、隐私权等权利。除前款

规定的人格权外，自然人享有基于人身自由、人格尊严产生的其他人格权益。C 项正确，当选。因此，选择 ABC 选项。

知识点二　肖像权

考点梳理

<table>
<tr><td rowspan="2">肖像权</td><td>主体</td><td>自然人</td></tr>
<tr><td>客体</td><td>依法制作、使用、公开或者许可他人使用自己的肖像</td></tr>
<tr><td>侵权形态</td><td colspan="2">1. 丑化、污损，或者利用信息技术手段伪造等方式侵害他人的肖像权；
2. 未经肖像权人同意，制作、使用、公开肖像权人的肖像（法律另有规定的除外）；
3. 未经肖像权人同意，肖像作品权利人以发表、复制、发行、出租、展览等方式使用或者公开肖像权人的肖像</td></tr>
<tr><td>合理使用</td><td colspan="2">合理实施下列行为的，可以不经肖像权人同意：
1. 为个人学习、艺术欣赏、课堂教学或者科学研究，在必要范围内使用肖像权人已经公开的肖像；
2. 为实施新闻报道，不可避免地制作、使用、公开肖像权人的肖像；
3. 为依法履行职责，国家机关在必要范围内制作、使用、公开肖像权人的肖像；
4. 为展示特定公共环境，不可避免地制作、使用、公开肖像权人的肖像；
5. 为维护公共利益或者肖像权人合法权益，制作、使用、公开肖像权人的肖像的其他行为</td></tr>
</table>

华图点拨

肖像权作为一项最基本的人权，生活中却不乏一些侵权案例，比如：影楼未经顾客同意使用顾客的艺术照片用作影楼宣传的行为，就构成侵犯肖像权。

试题演练

（单选题）根据《民法典》相关规定，下列行为构成侵犯肖像权的是(　　)

A. 甲未经乙同意使用乙儿时的照片用作奶粉宣传

B. 甲为展示庆祝元宵节的欢庆场景拍到了乙被殴打的片段

C. 甲在课堂上使用了鲁迅先生已公开的照片

D. 法院公布被纳入失信被执行人的名单

【答案】 A

【解析】根据2021年版《民法典》第一千零一十九条，任何组织或者个人不得以丑化、污损，或者利用信息技术手段伪造等方式侵害他人的肖像权。未经肖像权人同意，不得制作、使用、公开肖像权人的肖像，但是法律另有规定的除外。未经肖像权人同意，肖像作品权利人不得以发表、复制、发行、出租、展览等方式使用或者公开肖像权人的肖像。甲未经乙同意使用乙儿时的照片用作奶粉宣传，侵犯了乙的肖像权。

第五节　婚姻家庭编

知识点一　结婚和离婚

考点梳理

一、结婚

（一）结婚的实质要件

1. 男女双方**完全自愿**；
2. 双方均达**法定婚龄**（男不早于二十二周岁，女不早于二十周岁）；
3. 双方均**无配偶**，符合一夫一妻制；
4. **无禁止结婚的亲属关系**（直系血亲或者三代以内的旁系血亲禁止结婚）。

（二）结婚的形式要件

要求结婚的男女双方应当亲自到**婚姻登记机关申请结婚登记**。符合民法典规定的，予以登记，发给结婚证。完成结婚登记，即确立婚姻关系。

二、无效婚姻

情形	申请宣告人
重婚	当事人、当事人的近亲属、基层组织
未达法定婚龄	当事人、未达法定婚龄者的近亲属
有禁止结婚的亲属关系	当事人、当事人的近亲属

当事人依据上述规定向**人民法院**请求确认婚姻无效，法定的无效婚姻情形在提

起诉讼时已经消失的，人民法院不予支持。

三、可撤销婚姻

情形	撤销期限	撤销机关
因胁迫结婚	自胁迫行为终止之日起**一年**内； 被非法限制人身自由的，自恢复人身自由之日起**一年**内	**人民法院**
患有重大疾病婚前未告知	自知道或者应当知道撤销事由之日起**一年**内	

四、离婚

协议离婚	适用情形	夫妻双方**自愿离婚**
	程序	自婚姻登记机关收到离婚登记申请之日起**三十日内**，任何一方不愿意离婚的，可以向婚姻登记机关**撤回离婚登记申请**； 前款规定期限届满后**三十日内**，双方应当亲自到婚姻登记机关**申请发给离婚证**；未申请的，视为撤回离婚登记申请
诉讼离婚	适用情形	夫妻**一方要求**离婚
	管辖机关	**人民法院**
	判决离婚的法定条件	程序上，人民法院审理离婚案件，**应当进行调解**。如果感情确已破裂，调解无效的，应当准予离婚
		有下列情形之一，调解无效的，应当准予离婚： 1. 重婚或者与他人同居； 2. 实施家庭暴力或者虐待、遗弃家庭成员； 3. 有赌博、吸毒等恶习屡教不改； 4. 因感情不和分居满二年； 5. 其他导致夫妻感情破裂的情形
		一方被宣告失踪，另一方提起离婚诉讼的，应当准予离婚
		经人民法院**判决不准离婚后**，双方又**分居满一年**，一方再次提起离婚诉讼的，**应当准予离婚**

华图点拨

离婚协议应当载明双方自愿离婚的意思表示和对子女抚养、财产以及债务处理等事项协商一致的意见。

试题演练

（多选题）《中华人民共和国民法典》被称为“社会生活的百科全书”，依照《民法典·婚姻家庭编》的相关规定，下列选项不正确的有（　　）

A. 登记结婚后，女方成为男方家庭的成员，男方不能成为女方家庭的成员

B. 甲乙夫妻二人膝下无子，于是到孤儿院收养孤儿，他们最多可以收养两个孩子

C. 甲男为普通工薪族，却伪装成一富豪，乙女以为其很有钱，便与甲男登记结婚，该婚姻属于可撤销的婚姻

D. 甲与妻子因琐事争吵，一气之下去民政局申请登记离婚，一周后两人和好如初，但甲与妻子的婚姻关系已经解除

【答案】 ABCD

【解析】 A项：根据《民法典》第一千零五十条规定：“登记结婚后，按照男女双方约定，女方可以成为男方家庭的成员，男方可以成为女方家庭的成员。”A项错误，当选。

B项：根据《民法典》第一千一百条规定：“无子女的收养人可以收养两名子女；有子女的收养人只能收养一名子女。收养孤儿、残疾未成年人或者儿童福利机构抚养的查找不到生父母的未成年人，可以不受前款和本法第一千零九十八条第一项规定的限制。”选项中，甲乙二人属于“收养孤儿”的情形，则收养的人数不受限制。B项错误，当选。

C项：根据《民法典》第一千零五十二条规定：“因胁迫结婚的，受胁迫的一方可以向人民法院请求撤销婚姻。请求撤销婚姻的，应当自胁迫行为终止之日起一年内提出。被非法限制人身自由的当事人请求撤销婚姻的，应当自恢复人身自由之日起一年内提出。”根据《民法典》第一千零五十三条规定：“一方患有重大疾病的，应当在结婚登记前如实告知另一方；不如实告知的，另一方可以向人民法院请求撤销婚姻。请求撤销婚姻的，应当自知道或者应当知道撤销事由之日起一年内提出。”可撤销的婚姻仅仅包括被胁迫结婚和有重大疾病骗婚两项，选项中甲男冒充有钱人骗婚，并不违法，登记后属于有效的婚姻关系。C项错误，当选。

D项：根据《民法典》第一千零七十七条规定：“自婚姻登记机关收到离婚登记申请之日起三十日内，任何一方不愿意离婚的，可以向婚姻登记机关撤回离婚登

记申请。前款规定期限届满后三十日内，双方应当亲自到婚姻登记机关申请发给离婚证；未申请的，视为撤回离婚登记申请。”甲与妻子去民政局申请登记离婚会有30日的“冷静期”，可以在30日内撤回离婚登记申请，30日后未申请离婚证，也视为撤回离婚登记申请。所以甲与妻子的婚姻关系此时并未解除。D项错误，当选。

因此，选择ABCD选项。

知识点二　夫妻财产制度

考点梳理

法定的夫妻共同财产	1. 工资、奖金、劳务报酬； 2. 生产、经营、投资的收益； 3. 知识产权的收益； 4. 继承或者受赠的财产（有例外）； 5. 其他应当归共同所有的财产
法定的夫妻一方个人财产	1. 一方的婚前财产； 2. 一方因受到人身损害获得的赔偿或者补偿； 3. 遗嘱或者赠与合同中确定只归一方的财产； 4. 一方专用的生活用品； 5. 其他应当归一方的财产

华图点拨

夫妻对婚姻关系存续期间所得的财产可以进行婚前财产的约定，对双方具有法律约束力。

试题演练

（多选题）小张和小刘结为合法夫妻，在他们婚姻关系存续期间所得的下列财产，哪些属于夫妻共同财产（　　）

A. 小张的工资　　B. 小刘被车撞骨折获得的赔偿

C. 小张个人账户的炒股收益　　D. 小刘业余时间创作小说的出版收益

【答案】ACD

【解析】A项，属于工资、奖金、劳务报酬，归夫妻共同所有。B项，属于一方因受到人身损害获得的赔偿或者补偿，归小刘所有。C项，属于生产、经营、投资的收益，归夫妻共同所有。D项，属于知识产权的收益，归夫妻共同所有。因此，选择ACD选项。

第六节　继承编

知识点一　法定继承

考点梳理

继承，是指将死者生前所有的、于死亡时遗留的**个人合法财产**，依法**转移给他人所有**的法律制度。继承的方式包括遗赠扶养协议、遗赠（或遗嘱）、法定继承。

含义	在没有遗赠扶养协议和遗嘱，或者遗赠扶养协议和遗嘱无效的情况下，继承人**依据法律确定的**继承人范围、继承顺序以及遗产分配的原则，取得被继承人遗产的继承方式
顺位	第一顺序：**配偶、子女、父母**； 第二顺序：**兄弟姐妹、祖父母、外祖父母** **丧偶儿媳**对公婆，**丧偶女婿**对岳父母，**尽了主要赡养义务的**，作为第一顺序继承人
继承原则	继承开始后，由**第一顺序继承人继承**，第二顺序继承人不继承； 没有第一顺序继承人继承的，**由第二顺序继承人继承**

华图点拨

在《民法典》继承编中所称子女，包括婚生子女、非婚生子女、养子女和有扶养关系的继子女；所称父母，包括生父母、养父母和有扶养关系的继父母；所称兄弟姐妹，包括同父母的兄弟姐妹、同父异母或者同母异父的兄弟姐妹、养兄弟姐妹、有扶养关系的继兄弟姐妹。

试题演练

（单选题）下列属于第二顺序法定继承人的是(　　)

A. 配偶　　B. 子女

C. 兄弟姐妹　　D. 父母

【答案】C

【解析】根据《民法典》第一千一百二十七条第一款，遗产按照下列顺序继承：

（一）第一顺序：配偶、子女、父母；（二）第二顺序：兄弟姐妹、祖父母、外祖父母。因此，选择C选项。

【拓展】继承开始后，由第一顺序继承人继承，第二顺序继承人不继承；没有第一顺序继承人继承的，由第二顺序继承人继承。

知识点二　遗嘱继承

考点梳理

遗嘱继承也称指定继承，是与法定继承相对称的一种继承方式。遗嘱继承是指继承开始后，按照被继承人所立的合法有效的遗嘱继承被继承人财产的法律制度。

公证遗嘱	由遗嘱人经公证机构办理
自书遗嘱	由遗嘱人亲笔书写，签名，**注明年、月、日**。无须见证人在场见证
代书遗嘱	应当有两个以上见证人在场见证，由其中一人代书，**注明年、月、日**，并由代书人、其他见证人和遗嘱人签名
打印遗嘱	应当有两个以上见证人在场见证。遗嘱人和见证人应当在遗嘱每一页签名，**注明年、月、日**
录音录像遗嘱	以录音录像形式立的遗嘱，应当有两个以上见证人在场见证。遗嘱人和见证人应当在录音录像中记录其姓名或者肖像，**以及年、月、日**
口头遗嘱	遗嘱人在危急情况下可以立口头遗嘱。口头遗嘱应当有两个以上与遗嘱继承无利害关系的见证人在场见证。危急情况解除后，遗嘱人能够用书面或者录音形式立遗嘱的，所立的口头遗嘱无效

华图点拨

遗赠扶养协议：自然人可以与继承人以外的组织或者个人签订遗赠扶养协议。按照协议，该组织或者个人承担该自然人生养死葬的义务，享有受遗赠的权利。

试题演练

（单选题）陈先生是一名成功人士，名下资产众多，有妻子和一个儿子、一个女儿，其前后立了三份遗嘱，第一次是公证遗嘱，将所有遗产留给儿子；第二次是自书遗嘱，将所有遗产留给女儿；第三次是代书遗嘱，将所有的遗产留给自己的妻子。第三份遗嘱刚立不久，陈先生因病去世，其名下的遗产归(　　)

A. 儿子　　　　B. 女儿

C. 妻子　　　　D. 三人均分

【答案】 C

【解析】 根据《民法典》第一千一百四十二条第三款，立有数份遗嘱，内容相抵触的，以最后的遗嘱为准。题干中，陈先生最后的遗嘱是第三份代书遗嘱，应以此遗嘱为准，陈先生名下的遗产归妻子所有。因此，选择 C 选项。

第七节　侵权责任编

侵权责任概述

考点梳理

<table>
<tr><td rowspan="3">归责原则</td><td rowspan="2">过错责任原则</td><td>一般过错</td><td>行为人因过错侵害他人民事权益造成损害的，应当承担侵权责任。采用“谁主张谁举证”的举证责任方式</td></tr>
<tr><td>过错推定</td><td>依照法律规定推定行为人有过错，其不能证明自己没有过错的，应当承担侵权责任。采用“过错要件举证责任倒置”的举证责任方式</td></tr>
<tr><td>无过错责任原则</td><td colspan="2">行为人造成他人民事权益损害，不论行为人有无过错，法律规定应当承担侵权责任的，依照其规定</td></tr>
<tr><td>公平责任</td><td colspan="3">受害人和行为人对损害的发生都没有过错的，依照法律的规定由双方分担损失</td></tr>
</table>

华图点拨

侵害自然人人身权益造成严重精神损害的，被侵权人有权请求精神损害赔偿。

因故意或者重大过失侵害自然人具有人身意义的特定物造成严重精神损害的，被侵权人有权请求精神损害赔偿。

试题演练

（判断题）高空抛物造成的伤害，物业服务企业也是责任主体。（　　）

【答案】 错误

【解析】 根据《民法典》第一千二百五十四条，禁止从建筑物中抛掷物品。从

建筑物中抛掷物品或者从建筑物上坠落的物品造成他人损害的，由侵权人依法承担侵权责任；经调查难以确定具体侵权人的，除能够证明自己不是侵权人的外，由可能加害的建筑物使用人给予补偿。可能加害的建筑物使用人补偿后，有权向侵权人追偿。物业服务企业等建筑物管理人应当采取必要的安全保障措施防止前款规定情形的发生；未采取必要的安全保障措施的，应当依法承担未履行安全保障义务的侵权责任。发生本条第一款规定的情形的，公安等机关应当依法及时调查，查清责任人。由此可知，高空抛物造成的伤害，物业服务企业是否是责任主体要看物业是否采取了必要的安全保障措施。并非任何情况下，物业服务企业都是责任主体。因此，本题错误。

第三章　刑法

第一节　刑法概述

知识点一　刑法的基本原则

考点梳理

一、罪刑法定原则

法律明文规定为犯罪行为的，依照法律定罪处刑；法律没有明文规定为犯罪行为的，不得定罪处刑。

二、平等适用刑法原则

对任何人犯罪，在适用法律上**一律平等**。不允许任何人有超越法律的特权。

三、罪责刑相适应原则

刑法规定：**刑罚**的轻重，应当与犯罪分子所犯**罪行**和承担的刑事**责任**相适应。

华图点拨

通过学习法律谚语来掌握刑法原则，比如："法无明文规定不为罪"，"法无明文规定不处罚"——罪刑法定原则。

试题演练

（单选题）刑法规定，对于累犯应从重处罚，自首应对其从宽处罚，这体现了我国刑法的(　　)

A. 罪刑法定原则　　B. 罪刑相适应原则

C. 刑法面前人人平等　　D. 处罚与教育相结合原则

【答案】 B

【解析】 根据《刑法》第五条，刑罚的轻重，应当与犯罪分子所犯罪行和承担的刑事责任相适应。罪刑相适应原则是指“刑罚个别化原则”的对称。又称“罪刑均衡原则”。也称“罪刑等价原则”，是刑法的基本原则之一。刑自罪生，罪重刑重，罪轻刑轻，罪刑均衡。即犯罪是原因，刑罚是结果，刑罚由犯罪所引起，犯罪社会危害性重的，刑罚亦重；犯罪社会危害性轻的，刑罚亦轻，刑罚的轻重取决于犯罪社会危害性的大小，犯罪社会危害性的大小决定刑罚的轻重。故题干中说法体现了罪刑相适应原则。因此，选择B选项。

知识点二 刑法的适用范围

考点梳理

一、刑法适用范围的概念

刑法的适用范围，又叫刑法的效力范围，它指的是**一个国家的刑法在什么范围、在什么时间**是有效的。刑法的效力范围可以分为空间效力和时间效力两个方面。

二、刑法的空间效力

属地管辖权	1. 凡在**中华人民共和国领域内**犯罪的，除法律有特别规定的以外，都适用我国刑法。 2. 凡在中华人民共和国**船舶或者航空器**内犯罪的，也适用我国刑法
	犯罪的**行为或者结果有一项发生在中华人民共和国领域内**的，就认为是在中华人民共和国领域内犯罪
	享有外交特权和豁免权的外国人的刑事责任，通过外交途径解决，不直接适用我国刑法
属人管辖权	1. 中华人民共和国公民**在中华人民共和国领域外**犯我国刑法规定之罪的，适用我国刑法。但是按我国刑法规定的最高刑为3年以下有期徒刑的，可以不予追究。 2. 中华人民共和国国家工作人员和军人在中华人民共和国领域外犯我国刑法规定之罪的，适用我国刑法

续表

保护管辖权	**外国人**在中华人民共和国**领域外对中华人民共和国国家或者公民犯罪**，而按我国刑法规定的**最低刑为3年以上有期徒刑的**，可以适用我国刑法，但是按照犯罪地的法律不受处罚的除外
普遍管辖权	对于中华人民共和国缔结或者参加的国际条约所规定的罪行，中华人民共和国**在所承担条约义务的范围内行使刑事管辖权**的，适用我国刑法。常见的国际犯罪如恐怖主义犯罪、劫持民用航空器罪、战争罪、灭绝种族罪、毒品犯罪等

三、刑法的时间效力

我国刑法的**时间效力原则**是：**从旧兼从轻**。

（1）从旧：首先考虑适用旧法，即行为时法律；

（2）从轻：新法规定处刑较轻或不认为是犯罪，适用新法；

（3）适用于**未决犯**（还未审判或者判决还未生效的人）。

华图点拨

我国的航空器或船舶即使航行或停泊在我国领域外，也仍属于我国管辖。船舶或航空器是否属于中国，应以是否在中国登记注册为准。

试题演练

（单选题）某国驻华媒体工作人员策划、参与了我国犯罪分子的特大贩毒活动，对其刑事责任应为（　　）

A. 驱逐出境　　B. 外交途径解决

C. 适用中国法律　　D. 适用其国家的法律

【答案】 C

【解析】 根据《刑法》第六条第一款，凡在中华人民共和国领域内犯罪的，除法律有特别规定的以外，都适用本法。根据《刑法》第十一条，享有外交特权和豁免权的外国人的刑事责任，通过外交途径解决。根据我国相关法律及国际条约、国际惯例，享有外交特权与豁免权的外国人主要包括：①各国驻我国的大使、公使、代办、参赞、武官、三等以上秘书、使馆行政技术人员以及与他们共同生活的配偶以及未成年子女；②应邀来我国访问的外国国家元首、政府首脑、外交部长及其他具有同等身份的官员；③各国驻我国的领事代表和其他领事馆人员；④各国政府派

来我国的高级官员。题中某国驻华媒体工作人员不具有外交特权和豁免权，因而对其罪行应当适用我国《刑法》追究刑事责任。因此，选择C选项。

第二节　犯罪论

知识点一　犯罪概述

考点梳理

一、犯罪的概念

从犯罪的法律特征上描述，犯罪是指**触犯刑律、具有刑事违法性、应受刑罚处罚**的行为；从犯罪的社会内容上描述，犯罪的实质概念是具有社会危害性的行为。

二、犯罪的特征

1. **刑事违法性。**
2. **严重的社会危害性（最本质、最基本的特征）。**
3. **应受刑罚惩罚性。**

华图点拨

违法和犯罪的关系：违法不一定是犯罪，犯罪一定是违法。

试题演练

（单选题）犯罪的最基本特征是（　　）

A. 严重的社会危害性　　B. 应受刑罚处罚性

C. 阶级性　　D. 刑事违法性

【答案】 A

【解析】 犯罪有三个基本特征：一是严重的社会危害性，二是刑事违法性，三是应受刑罚惩罚性。其中，犯罪具有严重的社会危害性，表现为对国家法律所保护的某一种利益关系的侵犯。严重的社会危害性是犯罪的最基本特征。因此，选择A选项。

知识点二　犯罪构成

考点梳理

任何一种犯罪的成立都必须具备四个方面的构成要件，即犯罪主体、犯罪主观方面、犯罪客体和犯罪客观方面。

一、犯罪主体

实施了危害社会的行为，依法应负刑事责任的自然人或单位。

（一）自然人主体

刑事责任年龄	完全无刑事责任年龄	不满12周岁
	相对负刑事责任年龄	**已满12周岁不满14周岁**的人，犯**故意杀人、故意伤害罪**，致人死亡或者以特别残忍手段致人重伤造成严重残疾，情节恶劣，经**最高人民检察院**核准追诉的，应当负刑事责任
		已满14周岁不满16周岁：对故意杀人、故意伤害致人重伤或死亡、强奸、抢劫、贩卖毒品、放火、爆炸、投放危险物质**八种行为承担责任**
	绝对负刑事责任年龄	16周岁以上
刑事责任能力	无刑事责任能力的精神病人	精神病人在**不能辨认或者不能控制自己行为**的时候造成危害结果，经法定程序鉴定确认的，不负刑事责任，但是应当责令其家属或者监护人严加看管和医疗；在必要的时候，由政府强制医疗
	限制刑事责任能力的精神病人	尚未完全丧失辨认或者控制自己行为能力的精神病人犯罪的，应当负刑事责任，但是**可以从轻或者减轻处罚**
	完全有刑事责任能力的精神病人	间歇性的精神病人在**精神正常的时候犯罪**，应当负刑事责任
特殊规定	因不满十六周岁不予刑事处罚的，责令其父母或者其他监护人加以管教；在必要的时候，依法进行专门矫治教育	
	对依法应当追究刑事责任的**不满十八周岁的人，应当从轻或者减轻处罚**	
	已满七十五周岁的人**故意犯罪**的，**可以从轻或者减轻处罚**；**过失犯罪**的，**应当从轻或者减轻处罚**	

续表

特殊规定	**又聋又哑的人**或者**盲人**犯罪，**可以从轻、减轻或者免除处罚**
	醉酒的人犯罪，**应当负刑事责任**

（二）单位主体

概念	单位犯罪，是指**公司、企业、事业单位、机关、团体**为本单位或者本单位全体成员谋取非法利益，由单位的决策机构按照单位的决策程序决定，由直接责任人员具体实施的犯罪	
处罚	双罚制为主	对**单位判处罚金**，并对其直接负责的**主管人员和其他直接责任人员判处刑罚**
	单罚制为辅	仅对单位的直接负责人员判处刑罚

二、犯罪的主观方面

犯罪主观方面指的是行为人对自己实施的危害社会行为的结果所抱的心理态度。

故意	直接故意	指行为人明知自己的行为会发生危害社会的结果，并且希望这种结果发生的心理态度(**明知+希望**)
	间接故意	指行为人明知自己的行为可能发生危害社会的结果，并且放任这种结果发生的心理态度(**明知+放任**)
过失	疏忽大意的过失	指应当预见自己的行为可能发生危害社会的结果，因为疏忽大意而没有预见，以致发生这种结果的心理状态(**应当预见而没有预见**)
	过于自信的过失	指已经预见自己的行为可能发生危害社会的结果，但轻信能够避免，以致发生这种结果的心理状态(**已经预见到，但轻信能够避免**)
无罪过事件	行为虽然在客观上造成了损害结果，但不是出于故意或者过失，而是由于不能抗拒或者不能预见的原因所引起的，不是犯罪。包括不可抗力和意外事件	

三、犯罪客体

犯罪客体是**刑法所保护而为犯罪行为所侵犯的社会主义社会关系**或者说是刑法所保护的各种权益。

类别	指国家主权、领土完整和安全，人民民主专政的政权，社会主义制度，社会秩序和经济秩序，国有财产或者劳动群众集体所有的财产权，公民私人的财产所有权，公民的人身权利、民主权利和其他权利；等等
区别	犯罪对象与犯罪客体：犯罪对象是侵害行为所指向的人或物，犯罪客体是我国刑法所保护而为犯罪行为所侵犯的社会关系

四、犯罪的客观方面

犯罪客观方面指刑法规定的说明侵犯某种客体的行为及其危害结果的**诸客观事实特征**。

<table>
<tr><td rowspan="3">危害行为</td><td>作为</td><td>不当为而为之，即积极的身体表现。如利用自己的四肢，利用物质性工具，利用动物实施，利用自然现象实施，利用他人实施</td></tr>
<tr><td rowspan="2">不作为</td><td>当为而不为，即消极的不作为。指行为人在能够履行自己应尽义务的情况下不履行该义务，如遗弃罪</td></tr>
<tr><td>不作为犯罪的作为义务来源：法律规定的义务、职务或业务要求的义务、先行行为引起的义务</td></tr>
<tr><td>危害结果</td><td colspan="2">是危害行为给刑法所保护的社会关系所造成的具体侵害事实，一般作为定性、量刑的标准</td></tr>
<tr><td>因果关系</td><td colspan="2">结果与行为有必然的客观的刑法上的法律联系</td></tr>
<tr><td colspan="3">犯罪的具体时间、地点和方法</td></tr>
</table>

华图点拨

“周岁”的计算：以生日的第二天为满周岁，如 14 周岁生日当天为“不满”14 周岁。

试题演练

（单选题）我国刑法规定，完全负刑事责任年龄阶段是满(　　)周岁的人。

A. 14　　B. 16

C. 18　　D. 20

【答案】B

【解析】根据《刑法》第十七条，已满十六周岁的人犯罪，应当负刑事责任。

已满十四周岁不满十六周岁的人，犯故意杀人、故意伤害致人重伤或者死亡、强奸、抢劫、贩卖毒品、放火、爆炸、投放危险物质罪的，应当负刑事责任。已满十二周岁不满十四周岁的人，犯故意杀人、故意伤害罪，致人死亡或者以特别残忍手段致人重伤造成严重残疾，情节恶劣，经最高人民检察院核准追诉的，应当负刑事责任。由法条可知，完全负刑事责任年龄阶段是年满 16 周岁的人。因此，选择 B 选项。

知识点三　正当防卫和紧急避险

考点梳理

正当防卫	为了使**国家、公共利益、本人或者他人的人身、财产和其他权利**免受**正在进行的**不法侵害，而采取的制止不法侵害的行为，对不法侵害人造成损害的，属于正当防卫，不负刑事责任	
	构成要件	1. 起因条件：**现实的**不法侵害。 2. 时间条件：不法侵害**正在进行**。 3. 主观条件：具有**防卫的意图**。保护非法利益、防卫挑拨、相互斗殴等不具有防卫意图。 4. 对象条件：针对不**法侵害人本人**。 5. 限度条件：**没有超过必要的限度**，防卫行为和侵害行为必须基本相适应
	无过当防卫	对**正在进行的行凶、杀人、抢劫、强奸、绑架以及其他严重危及人身安全的暴力犯罪**，采取防卫行为，造成不法侵害人伤亡的，**不属于防卫过当，不负刑事责任**
	防卫过当	正当防卫明显超过必要限度造成重大损害的，应当负刑事责任，但是**应当减轻或者免除处罚**
紧急避险	为了使国家、公共利益、本人或者他人的人身、财产和其他权利免受正在发生的危险，不得已采取的紧急避险行为，造成损害的，不负刑事责任	
	构成要件	1. 起因条件：合法权益面临**现实危险**； 2. 时间条件：危险**正在发生**，迫在眉睫； 3. 主观条件：具有**避险意图**； 4. 对象条件：无辜**第三者的权益**； 5. 限度条件：**损害的利益应当小于所保全的利益**，生命权大于健康权，健康权大于财产权，财产权之间可以进行价值比较

续表

紧急避险	避险过当	紧急避险超过必要限度造成不应有的损害的，应当负刑事责任，但是**应当减轻或者免除处罚**
	限制适用	刑法关于避免本人危险的规定，不适用于职务上、业务上负有特定责任的人。即对正在发生的危险负有特定职责的人，不能为了使自己避免这种危险而采取紧急避险的行为

华图点拨

内容		正当防卫	紧急避险
共同点		(1) 正在发生； (2) 正当意图（防卫意图、避险意图）； (3) 超过必要限度造成不应有的损害的，应当负刑事责任，但是应当减轻或者免除处罚	
不同点	危险来源	不法侵害	不法侵害、自然灾害、动物侵袭
	行为限制	非迫不得已	迫不得已
	主体限制	任何人	不能有特定身份
	损害程度	大于或等于	小于
	实施对象	不法侵害人	无辜第三者

试题演练

（单选题）李大和李二是同胞兄弟，某日，二人发生争执并厮打，后二人分开。李大回到床上准备继续睡觉。没想到李二手持单刃刀片返回，砍中李大头部两刀。李大躲开第三刀后，推倒李二，并扼住其脖子。李二被李大扼住颈部造成机械性窒息死亡。李大的行为属于(　　)

A. 防卫过当　　B. 紧急避险

C. 正当防卫　　D. 假想防卫

【答案】 C

【解析】 根据《刑法》第二十条，为了使国家、公共利益、本人或者他人的人身、财产和其他权利免受正在进行的不法侵害，而采取的制止不法侵害的行为，对不法侵害人造成损害的，属于正当防卫，不负刑事责任。正当防卫明显超过必要限度造成重大损害的，应当负刑事责任，但是应当减轻或者免除处罚。对正在进行行

凶、杀人、抢劫、强奸、绑架以及其他严重危及人身安全的暴力犯罪，采取防卫行为，造成不法侵害人伤亡的，不属于防卫过当，不负刑事责任。由此可知，李大的行为属于正当防卫。因此，选择C选项。

知识点四 故意犯罪的停止形态

考点梳理

故意犯罪的停止形态是指犯罪进行过程中停止下来的不同形态。不同的停止形态，反映了行为人的主观恶性及客观危害性的不同，处罚原则也各不相同。

犯罪预备	概念	为了实行犯罪，**准备工具、制造条件**，但由于行为**人意志以外的原因**而**未能着手**实行犯罪的形态
	处罚	**可以比照既遂犯从轻、减轻处罚或者免除处罚**
犯罪未遂	概念	**已经着手**实行犯罪，由于犯罪分子**意志以外的原因**而**未得逞**
	处罚	**可以比照既遂犯从轻或者减轻处罚**
犯罪中止	概念	在犯罪过程中，**自动放弃**犯罪或者**自动有效地防止**犯罪结果发生
	处罚	**没有造成损害的，应当免除处罚；造成损害的，应当减轻处罚**

华图点拨

就同一起犯罪而言，不可能并存两个犯罪形态，犯罪形态之间是排斥关系，而非并存关系。

试题演练

（单选题）朱某挪用公款40万元，交给其弟弟做假酒生产，一个月后出于恐惧又将赃款统统退回，这一行为属于(　　)

A. 犯罪预备　　B. 犯罪既遂

C. 犯罪中止　　D. 犯罪未遂

【答案】 B

【解析】 根据《刑法》第三百八十四条第一款，国家工作人员利用职务上的便利，挪用公款归个人使用，进行非法活动的，或者挪用公款数额较大、进行营利活动的，或者挪用公款数额较大、超过三个月未还的，是挪用公款罪，处五年以下有期徒刑或者拘役；情节严重的，处五年以上有期徒刑。挪用公款数额巨大不退还的，处十年以上有期徒刑或者无期徒刑。本题中，朱某挪用公款从事假酒生产这一非法活动，此时公款的占有权已被朱某非法转移，犯罪结果已经发生，因此构成挪用公款罪既遂。因此，选择B选项。

第三节　刑罚论

刑罚体系

考点梳理

主刑	只能**独立适用**的主要刑罚方法
	包括管制、拘役、有期徒刑、无期徒刑与死刑
	主刑**只能独立适用**，不能附加适用：一个犯罪只能适用一个主刑，不能同时适用两个以上的主刑
附加刑	**补充主刑适用**的刑罚方法
	包括罚金、剥夺政治权利与没收财产，以及适用于犯罪的外国人的驱逐出境
	附加刑**既可以附加主刑适用，也可以独立适用**

主刑						
区别	管制	拘役	有期徒刑	无期徒刑	死刑	
					死刑缓期二年执行	死刑立即执行
执行机关	社区矫正	公安机关就近执行	监狱（剩余刑期在3个月以下的，由看守所代为执行；未成年犯在未成年犯管教所执行刑罚）	监狱或其他执行场所	监狱	法院
是否关押	否	关押，每月可以回家1—2天	关押	关押	关押	关押

续表

主刑						
待遇	同工同酬	参加劳动的，可以酌量发给报酬	无偿参加劳动	无偿参加劳动	无偿参加劳动	-
刑期的起算及折抵	从判决执行之日起计算；先前羁押的，1日折抵2日	从判决执行之日起计算；先前羁押的，1日折抵1日	从判决执行之日起计算；先前羁押的，1日折抵1日	无期徒刑被减为有期徒刑的，刑期从被裁定减刑之日起计算	从判决确定之日起计算考验期，先前羁押期限不折抵考验期	-
是否适用假释制度	否	否	是	是	被减为无期徒刑、有期徒刑的，可以假释	-
期限	3个月以上，2年以下，数罪并罚不超过3年	1个月以上，6个月以下，数罪并罚不超过1年	6个月以上，15年以下，数罪并罚不超过20年	-	-	-
最低实际执行刑期	不少于1/2	不少于1/2	不少于1/2	不少于13年	不少于15年，不含死刑缓期两年的考验期（限制减刑的死缓有特别规定）	-

<table>
<tr><th colspan="2">死刑</th></tr>
<tr><td>适用</td><td>死刑只适用于罪行极其严重的犯罪分子。对于应当判处死刑的犯罪分子，如果不是必须立即执行的，可以判处死刑同时宣告缓期二年执行</td></tr>
<tr><td>核准制度</td><td>死刑除依法由最高人民法院判决的以外，都应当报请最高人民法院核准。死刑缓期执行的，可以由高级人民法院判决或者核准</td></tr>
<tr><td rowspan="3">排除适用</td><td>犯罪的时候不满十八周岁的人</td></tr>
<tr><td>审判的时候怀孕的妇女</td></tr>
<tr><td>审判的时候已满七十五周岁的人（但以特别残忍手段致人死亡的除外）</td></tr>
</table>

<table>
<tr><th colspan="3">附加刑</th></tr>
<tr><td rowspan="3">罚金</td><td colspan="2">判处罚金，应当根据犯罪情节决定罚金数额</td></tr>
<tr><td rowspan="2">罚金的执行</td><td>罚金在判决指定的期限内一次或者分期缴纳。期满不缴纳的，强制缴纳</td></tr>
<tr><td>由于遭遇不能抗拒的灾祸等原因缴纳确实有困难的，经人民法院裁定，可以延期缴纳、酌情减少或者免除</td></tr>
<tr><td rowspan="2">没收财产</td><td colspan="2">没收财产是没收犯罪分子个人所有财产的一部分或者全部。没收全部财产的，应当对犯罪分子个人及其扶养的家属保留必需的生活费用</td></tr>
<tr><td colspan="2">在判处没收财产的时候，不得没收属于犯罪分子家属所有或者应有的财产</td></tr>
<tr><td rowspan="4">剥夺政治权利</td><td colspan="2">剥夺政治权利是剥夺下列权利：
1. 选举权和被选举权；
2. 言论、出版、集会、结社、游行、示威自由的权利；
3. 担任国家机关职务的权利；
4. 担任国有公司、企业、事业单位和人民团体领导职务的权利</td></tr>
<tr><td>适用对象</td><td>对于危害国家安全的犯罪分子应当附加剥夺政治权利；
对于故意杀人、强奸、放火、爆炸、投毒、抢劫等严重破坏社会秩序的犯罪分子，可以附加剥夺政治权利</td></tr>
<tr><td rowspan="2">刑期计算</td><td>判处管制附加剥夺政治权利的，剥夺政治权利的期限与管制的期限相等，同时执行</td></tr>
<tr><td>附加剥夺政治权利的刑期，从徒刑、拘役执行完毕之日或者从假释之日起计算；剥夺政治权利的效力当然施用于主刑执行期间</td></tr>
<tr><td>驱逐出境</td><td colspan="2">强迫犯罪的外国人离开中国国（边）境的刑罚方法</td></tr>
</table>

华图点拨

罚金与罚款：罚金是刑罚方法，它只能由法院依照刑法的规定对构成犯罪的人或单位适用；而罚款是行政处罚，它由公安机关等有关的行政机关对只有一般违法行为（未构成犯罪）的人或单位适用。

试题演练

（单选题）下列选项中，不属于我国刑法中的刑种的是（　　）。

A. 管制　　B. 拘役

C. 罚款　　D. 有期徒刑

【答案】 C

【解析】 根据《行政处罚法》第九条，行政处罚的种类：（一）警告、通报批评；（二）罚款、没收违法所得、没收非法财物；（三）暂扣许可证件、降低资质等级、吊销许可证件；（四）限制开展生产经营活动、责令停产停业、责令关闭、限制从业；（五）行政拘留；（六）法律、行政法规规定的其他行政处罚。所以罚款是行政处罚法中的种类，不属于刑法的刑种。因此，选择C选项。

第四章　行政法

第一节　行政法概述

知识点一　行政法的基本原则

考点梳理

1. 合法行政原则

合法行政是行政法的首要原则，其他原则可以理解为这一原则的延伸。实行合法行政原则是行政活动区别于民事活动的主要标志。

2. 合理行政原则

合理是对“合法”的补充，即政府的行为应当符合法律的意图或精神，符合公平正义等法律理性。具体包括政府的行政行为应符合法律的立法目的、应有正当的动机、应考虑相关因素、应符合客观规律、应符合公正法则。

3. 程序正当原则

（1）行政公开原则；

（2）公众参与原则；

（3）回避原则。

4. 高效便民原则

5. 诚实守信原则

（1）行政信息真实原则；

（2）保护公民信赖利益原则。

6. 权责统一原则

华图点拨

合法行政原则主要表现在：（1）行政机关必须遵守现行有效的法律；（2）行政

机关应当依照法律授权活动。

试题演练

（单选题）J市的市场监督管理局对于该市某企业非法使用食品添加剂的违法行为一律按照法定的最高标准进行了严厉处罚，该做法主要违反了（　　）

A. 权责一致原则　　B. 比例原则

C. 合法行政原则　　D. 行政公开原则

【答案】 B

【解析】 比例原则指的是手段要与目的相协调，行使行政职权的时候采取的手段要适当。题目中一律按照法定的最高标准进行了严厉处罚，没有按照违法情节轻重进行处罚，处罚手段并不合理。因此，选择B选项。

知识点二　行政法律关系主体

考点梳理

所谓行政法律关系主体即行政法主体，指作为行政法调整对象的各种行政关系的参加人。

1. 行政主体

行政主体是指享有国家行政权力，能以自己的名义从事行政管理活动，并独立承担由此产生的法律责任的组织。

①行政机关

各级人民政府及其工作部门；

派出机关：地区行署、街道办、区公所；

派出机构：派出所、工商所、税务所。

②法律法规授权的组织

2. 行政相对人

行政相对人，是指行政管理法律关系中与行政主体相对应的另一方当事人，即行政主体的行政行为影响其权益的个人或组织。

华图点拨

行政机关委托的组织不属于行政主体，行政机关委托的组织是指受行政机关的委托，按照委托范围，以委托主体的名义，行使被委托的行政职权的企事业单位、行政机关和非政府组织。

试题演练

（单选题）行政法律关系是经行政法律法规规范调整的，因实施国家行政权而发生在行政关系当事人之间的权利义务关系，下列说法不正确的是（　　）

A. 主体上，行政法律关系双方当事人中必有一方是行政主体

B. 地位上，行政法律关系的客体始终处于主导地位，具有很大的优越性

C. 内容上，行政法律关系的内容都与行政权力直接相关

D. 权责复合上，行政法律关系当事人的权利义务划分不是绝对的

【答案】B

【解析】地位上，行政主体始终处于主导地位，具有很大的优益性。这是为了行政主体有效地行使职权，切实地履行职责，圆满地实现公共利益的目标，而以法律、法规等形式赋予行政主体享有各种职务上或物质上优异条件的资格。B项错误，符合题意。因此，选择B选项。

第二节　行政行为

抽象行政行为与具体行政行为

考点梳理

行政行为是指行政主体行使行政职权，作出的能够产生行政法律效果的行为。

一、抽象行政行为与具体行政行为

行政行为以其对象是否特定、能否反复适用为标准，分为抽象行政行为和具体行政行为。

1. 抽象行政行为

（1）概念

抽象行政行为是指国家行政机关针对不特定管理对象实施的制定法规、规章和有普遍约束力的决定、命令等行政规则的行为，其行为形式体现为行政法律文件，

其中包括规范文件和非规范文件。

（2）特征

①对象的不特定性；②反复适用性；③不可诉性。

（3）抽象行政行为的种类

抽象行政行为主要表现为行政立法，其种类分为：

①行政法规，由国务院制定，是为执行法律的规定需要制定行政法规的事项。

②部门规章，由国务院各部、各委员会制定。

③地方政府规章，由省、自治区、直辖市的人民政府，设区的市的人民政府制定。

④其他规范性文件，是指有普遍约束力的决定、命令，是指行政机关对不特定对象发布的能反复使用的行政规范性文件。

2. 具体行政行为

概念

具体行政行为，是指国家行政机关和行政机关工作人员、法律法规授权的组织、行政机关委托的组织或者个人在行政管理活动中行使行政职权，针对特定的公民、法人或者其他组织，就特定的具体事项，做出的有关该公民、法人或者其他组织权利义务的单方行为。

华图点拨

具体行政行为是对特定人与特定事项的处理，比如：某公安局对傅某作出行政拘留 15 日的处罚。该处罚属于具体行政行为，而作出处罚所依据的法律文件，则是抽象行政行为。

试题演练

（单选题）公民、法人或者其他组织认为（　　）侵犯其合法权益，可以向行政机关提出行政复议申请。

A. 具体行政行为　　B. 抽象行政行为

C. 行政处分行为　　D. 行政人事决定

【答案】A

【解析】根据《行政复议法》第二条，公民、法人或者其他组织认为具体行政行为侵犯其合法权益，向行政机关提出行政复议申请，行政机关受理行政复议申请、作出行政复议决定，适用本法。因此，选择 A 选项。

第三节　行政处罚

知识点一　行政处罚的种类

考点梳理

1. 申诫罚：

警告：行政机关对违法行为人提出谴责、告诫，该处罚只具有精神惩戒作用，对违法行为比较轻微的适用，一般当场作出。

通报批评：行政机关在一定范围内对违法行为人的违法事实予以公布，以导致其声誉和信誉造成损害，既制裁和教育违法者，又广泛教育他人的一种措施。

2. 财产罚：罚款、没收违法所得和非法财物

强迫行政违法行为人缴纳一定数额的金钱或者剥夺其原有财产的处罚。

3. 行为罚：

①责令停产停业；

②责令关闭、限制从业；

③限制开展生产经营活动；

④暂扣或者吊销许可证、执照；

⑤降低资质等级。主要是限制或者剥夺被处罚人从事特定行为的能力和资格的处罚。

4. 自由罚：行政拘留

行政拘留是一种限制或者剥夺违法行为人人身自由的行政处罚方法。

①适用主体：只能由公安机关决定和执行。

②时间：一般情况下拘留的时间为 15 日以下，两种以上违反治安管理的行为，分别决定，合并执行，最长不超过 20 日。

华图点拨

注意区分治安管理处罚和行政处罚，治安管理处罚的种类：1. 警告；2. 罚款；

3. 行政拘留；4. 吊销公安机关发放的许可证。

试题演练

（单选题）依据《中华人民共和国行政处罚法》规定，限制人身自由的行政处罚由（　　）

A. 审判机关行使　　B. 公安机关行使

C. 监察机关行使　　D. 检察机关行使

【答案】 B

【解析】 根据《行政处罚法》第十八条，国家在城市管理、市场监管、生态环境、文化市场、交通运输、应急管理、农业等领域推行建立综合行政执法制度，相对集中行政处罚权。国务院或者省、自治区、直辖市人民政府可以决定一个行政机关行使有关行政机关的行政处罚权。限制人身自由的行政处罚权只能由公安机关和法律规定的其他机关行使。因此，选择 B 选项。

知识点二　行政处罚的程序

考点梳理

一、各类程序

1. 简易程序

当场作出行政处罚的条件	违法事实确凿并有法定依据，对公民处以二百元以下，对法人或者其他组织处以**三千元**以下罚款或者警告
程序	（1）执法人员当场作出行政处罚决定的，应当向当事人出示执法证件，填写预定格式、编有号码的行政处罚决定书。行政处罚决定书应当当场交付当事人。 （2）当事人拒绝签收的，应当在行政处罚决定书上注明。 （3）执法人员当场作出的行政处罚决定，应当报所属行政机关备案

2. 普通程序

立案	符合立案标准的，行政机关应当及时立案
执法证件	(1) 执法人员在调查或者进行检查时，应当主动向当事人或者有关人员出示执法证件。 (2) 当事人或者有关人员有权要求执法人员出示执法证件。执法人员不出示执法证件的，当事人或者有关人员有权拒绝接受调查或者检查

3. 听证程序

适用情形	行政机关拟作出下列行政处罚决定，应当告知当事人有要求听证的权利，当事人要求听证的，行政机关应当组织听证： (1) 较大数额罚款； (2) 没收较大数额违法所得、没收较大价值非法财物； (3) 降低资质等级、吊销许可证件； (4) 责令停产停业、责令关闭、限制从业； (5) 其他较重的行政处罚； (6) 法律、法规、规章规定的其他情形
程序	听证应当依照以下程序组织： (1) 当事人要求听证的，应当在行政机关告知后五日内提出； (2) 行政机关应当在举行听证的七日前，通知当事人及有关人员听证的时间、地点； (3) 除涉及国家秘密、商业秘密或者个人隐私依法予以保密外，听证公开举行； (4) 听证由行政机关指定的非本案调查人员主持；当事人认为主持人与本案有直接利害关系的，有权申请回避； (5) 当事人可以亲自参加听证，也可以委托一至二人代理； (6) 当事人及其代理人无正当理由拒不出席听证或者未经许可中途退出听证的，视为放弃听证权利，行政机关终止听证； (7) 举行听证时，调查人员提出当事人违法的事实、证据和行政处罚建议，当事人进行申辩和质证； (8) 听证应当制作笔录。笔录应当交当事人或者其代理人核对无误后签字或者盖章。当事人或者其代理人拒绝签字或者盖章的，由听证主持人在笔录中注明

二、行政处罚的执行

原则	具体考点
罚缴分离原则	(1) 作出罚款决定的行政机关应当与收缴罚款的机构分离。除依法规定当场收缴的罚款外，作出行政处罚决定的行政机关及其执法人员不得自行收缴罚款。 (2) 当事人应当自收到行政处罚决定书之日起十五日内，到指定的银行或者通过电子支付系统缴纳罚款。 (3) 银行应当收受罚款，并将罚款直接上缴国库
行政处罚当场收缴罚款的情形	(1) 依法给予一百元以下罚款的； (2) 不当场收缴事后难以执行的； (3) 在边远、水上、交通不便地区，行政机关及其执法人员依法作出罚款决定后，当事人到指定的银行或者通过电子支付系统缴纳罚款确有困难，经当事人提出的

华图点拨

听证程序是指行政机关为了查明案件事实、公正合理地实施行政处罚，在作出行政处罚决定前通过公开举行由有关利害关系人参加的听证会广泛听取意见的程序。当事人不承担行政机关组织听证的费用。

试题演练

（单选题）李某违反卫生管理规定被处以 2000 元罚款，李某就此要求举行听证，行政机关接受听证申请后下列做法中不合理的是(　　)

A. 行政机关制作听证笔录，听证笔录交李某确认无误后签字或者盖章

B. 行政机关在举行听证的七日前将举行听证的时间、地点通知李某

C. 行政机关指定审查该行政许可申请的工作人员为听证主持人

D. 行政机关公开举行听证

【答案】C

【解析】听证由行政机关指定的非本案调查人员主持。所以，C 项当选。

第四节　行政复议

知识点一　行政复议的范围

考点梳理

行政复议是指行政机关根据上级行政机关对下级机关的监督权，在当事人的申请和参加下，按照行政复议程序对具体行政行为进行审查，并做出裁决，解决行政侵权争议的活动。

1. 行政复议受理的范围

行政机关的许多行为都可能侵害公民、法人和其他组织的合法权益，行政复议所针对的主要是具体行政行为，还有一部分抽象行政行为可以附带审查。

（1）行政复议审查的具体行政行为：

①对行政机关作出的行政处罚决定不服；

②对行政机关作出的行政强制措施、行政强制执行决定不服；

③申请行政许可，行政机关拒绝或者在法定期限内不予答复，或者对行政机关作出的有关行政许可的其他决定不服；

④对行政机关作出的确认自然资源的所有权或者使用权的决定不服；

⑤对行政机关作出的征收征用决定及其补偿决定不服；

⑥对行政机关作出的赔偿决定或者不予赔偿决定不服；

⑦对行政机关作出的不予受理工伤认定申请的决定或者工伤认定结论不服；

⑧认为行政机关在政府信息公开工作中侵犯其合法权益；

⑨认为行政机关滥用行政权力排除或者限制竞争；

⑩认为行政机关的其他行政行为侵犯其合法权益。

（2）行政复议附带审查的部分抽象行政行为：

公民、法人或者其他组织认为行政机关的行政行为所依据的下列规范性文件不合法，在对行政行为申请行政复议时，可以一并向行政复议机关提出对该规范性文件的附带审查申请：

①国务院部门的规范性文件；

②县级以上地方各级人民政府及其工作部门的规范性文件；

③乡、镇人民政府的规范性文件；

④法律、法规、规章授权的组织的规范性文件。

前款所列规范性文件不含规章。规章的审查依照法律、行政法规办理。

2. 行政复议的排除范围

下列事项不属于行政复议范围：

（1）国防、外交等国家行为；

（2）行政法规、规章或者行政机关制定、发布的具有普遍约束力的决定、命令等规范性文件；

（3）行政机关对行政机关工作人员的奖惩、任免等决定；

（4）行政机关对民事纠纷作出的调解。

华图点拨

行政复议区分于行政诉讼，行政复议既审查行政行为的合法性，又审查行政行为的适当性。行政诉讼仅审查行政行为的合法性。

试题演练

（单选题）根据《行政复议法》规定，下列情形属于我国行政复议受案范围的是(　　)

A. 甲市公安局处理治安案件出具的调解书

B. 乙市人民政府对于确认矿藏所有权的决定不服

C. 丙市司法局对其工作人员作出的警告处分决定

D. 丁市人民政府出台的《丁市文明养犬管理条例》

【答案】 B

【解析】 根据《行政复议法》，有下列情形之一的，公民、法人或者其他组织可以依照本法申请行政复议：对行政机关作出的确认自然资源的所有权或者使用权的决定不服。故乙市人民政府对于确认矿藏所有权的决定不服的，属于我国行政复议受案范围。因此，选择 B 选项。

知识点二　复议机关的确定

考点梳理

被申请人	复议机关
本级人民政府工作部门	县级以上地方各级人民政府
下一级人民政府	
本级人民政府依法设立的派出机关	
本级人民政府或者其工作部门管理的法律、法规、规章授权的组织	
本部门	国务院部门
本部门依法设立的派出机构并以派出机构的名义作出	
本部门管理的法律、行政法规、部门规章授权的组织	
对海关、金融、外汇管理等实行垂直领导的行政机关、税务和国家安全机关	上一级主管部门
履行行政复议机构职责的地方人民政府司法行政部门	本级人民政府或上一级司法行政部门
县级以上地方各级人民政府工作部门依法设立的派出机构并以派出机构的名义作出	本级人民政府
直辖市、设区的市人民政府工作部门按照行政区划设立的派出机构	派出机构所在地的人民政府

【说明】省、自治区、直辖市人民政府同时管辖对本机关作出的行政行为不服的行政复议案件。

省、自治区人民政府依法设立的派出机关参照设区的市级人民政府的职责权限，管辖相关行政复议案件。

对省、自治区、直辖市人民政府对本机关作出的行政行为作出的行政复议决定不服的、国务院部门对国务院部门的行政行为作出的行政复议决定不服的，可以向人民法院提起行政诉讼；也可以向国务院申请裁决，国务院依照本法的规定作出最终裁决。

华图点拨

行政复议是通过行政救济解决行政争议，是一种内部监督。因此，行政复议机

关应为行政机关。

试题演练

（单选题）居住在某市甲区的公民王某对该市乙区行政机关作出的行政处罚决定不服，申请复议。本案的复议机关可以是（　　）

A. 甲区行政机关　　B. 甲区人民政府

C. 乙区行政机关　　D. 乙区人民政府

【答案】 D

【解析】 根据2024年版《行政复议法》第二十四条第一款，县级以上地方各级人民政府管辖下列行政复议案件：（一）对本级人民政府工作部门作出的行政行为不服的；（二）对下一级人民政府作出的行政行为不服的；（三）对本级人民政府依法设立的派出机关作出的行政行为不服的；（四）对本级人民政府或者其工作部门管理的法律、法规、规章授权的组织作出的行政行为不服的。乙区行政机关的复议机关为乙区人民政府。

第五节　行政诉讼

知识点一　行政诉讼的受案范围

考点梳理

1. 行政诉讼的受理范围

受理	（1）对行政拘留、暂扣或者吊销许可证和执照、责令停产停业、没收违法所得、没收非法财物、罚款、警告等行政处罚不服的
	（2）对限制人身自由或者对财产的查封、扣押、冻结等行政强制措施和行政强制执行不服的
	（3）申请行政许可，行政机关拒绝或者在法定期限内不予答复，或者对行政机关作出的有关行政许可的其他决定不服的
	（4）对行政机关作出的关于确认土地、矿藏、水流、森林、山岭、草原、荒地、滩涂、海域等自然资源的所有权或者使用权的决定不服的
	（5）对征收、征用决定及其补偿决定不服的

续表

受理	（6）申请行政机关履行保护人身权、财产权等合法权益的法定职责，行政机关拒绝履行或者不予答复的
	（7）认为行政机关侵犯其经营自主权或者农村土地承包经营权、农村土地经营权的
	（8）认为行政机关滥用行政权力排除或者限制竞争的
	（9）认为行政机关违法集资、摊派费用或者违法要求履行其他义务的
	（10）认为行政机关没有依法支付抚恤金、最低生活保障待遇或者社会保险待遇的
	（11）认为行政机关不依法履行、未按照约定履行或者违法变更、解除政府特许经营协议、土地房屋征收补偿协议等协议的
	（12）认为行政机关侵犯其他人身权、财产权等合法权益的
	除前款规定外，人民法院受理法律、法规规定可以提起诉讼的其他行政案件

2. 行政诉讼不予受理的范围

（1）内部行政行为；（2）行政调解；（3）行政指导等其他非具体行政行为；（4）国家行为；（5）刑事侦查。

华图点拨

常考的行政诉讼受案范围多为具体行政行为，比如：行政处罚、行政许可、行政强制等。

试题演练

（单选题）下列可以纳入行政诉讼受案范围内的是(　　)

A. 孙某对公安机关的行政拘留决定不服

B. 孙某对国家的外交行为不服

C. 孙某对调解行为不服

D. 孙某对不具有强制力的行政指导行为不服

【答案】 A

【解析】 根据2017年版《行政诉讼法》第十二条第一项，人民法院受理公民、法人或者其他组织提起的下列诉讼：（一）对行政拘留、暂扣或者吊销许可证和执照、责令停产停业、没收违法所得、没收非法财物、罚款、警告等行政处罚不服的。因此，孙某对公安机关的行政拘留决定不服，可以提起行政诉讼。因此，选择A选项。

知识点二　行政诉讼的管辖

考点梳理

1. 行政诉讼中管辖的概念

行政诉讼中的管辖，系指人民法院之间受理第一审行政案件的分工和权限。

2. 级别管辖

基层法院	基层人民法院管辖第一审行政案件
中级法院	（1）对国务院部门或者县级以上地方人民政府所作的行政行为提起诉讼的案件；（2）海关处理的案件；（3）本辖区内重大、复杂的案件；（4）其他法律规定由中级人民法院管辖的案件
高级法院	高级人民法院管辖本辖区内重大、复杂的第一审行政案件
最高法院	最高人民法院管辖全国范围内重大、复杂的第一审行政案件

3. 地域管辖

被告所在地管辖	行政案件由最初作出行政行为的行政机关所在地人民法院管辖
经复议的案件	经复议的案件，由最初作出行政行为的行政机关所在地人民法院管辖，也可以由复议机关所在地人民法院管辖
原告+被告所在地管辖	对限制人身自由的行政强制措施不服提起的诉讼，由被告所在地或者原告所在地人民法院管辖
不动产所在地专属管辖	因不动产提起的行政诉讼，由不动产所在地人民法院管辖

华图点拨

我国人民法院实行四级两审终审制，当事人不服人民法院第一审行政诉讼判决的，有权在判决书送达之日起十五日内向上一级人民法院提起上诉。当事人不服人民法院第一审裁定的，有权在裁定书送达之日起十日内向上一级人民法院提起上诉。逾期不提起上诉的，人民法院的第一审判决或者裁定发生法律效力。

试题演练

（单选题）关于行政诉讼的管辖，下列选项表述正确的是（　　）

A. 对县级以上地方人民政府职能部门所作的行政行为提起诉讼的第一审案件，

由中级人民法院管辖

B. 经复议的案件，只能由复议机关所在地人民法院管辖

C. 对限制人身自由的行政强制措施不服提起的诉讼，可以由原告所在地人民法院管辖

D. 经高级人民法院批准，中级人民法院可以根据审判工作的实际情况，确定若干人民法院跨行政区域管辖行政案件

【答案】 C

【解析】 根据2017年版《行政诉讼法》第十九条：对限制人身自由的行政强制措施不服提起的诉讼，由被告所在地或者原告所在地人民法院管辖。可见，对限制人身自由的行政强制措施不服提起的诉讼，可以由原告所在地人民法院管辖，也可以由被告所在地人民法院管辖。

知识点三　行政诉讼的被告

考点梳理

情形	被告
直接提起行政诉讼	作出行政行为的行政机关是被告
经复议并决定维持原行政行为	原机关和复议机关是共同被告
经复议但改变原行政行为	复议机关是被告
法定期间未作出复议决定，起诉原行政行为	原机关是被告
法定期间未作出复议决定，起诉复议机关不作为	复议机关是被告
两个以上行政机关作出同一行政行为	共同作出行政行为的行政机关是共同被告
行政机关委托的组织所作的行政行为	委托的行政机关是被告
行政机关被撤销或者职权变更	继续行使其职权的行政机关是被告

华图点拨

行政诉讼的被告是指被原告起诉指控侵犯其行政法上的合法权益和与之发生行政争议，而由人民法院通知应诉的行政主体。被告的确认必须明确，行政诉讼的被告不是行政机关的工作人员，而是行政机关本身。在行政诉讼中，行政主体始终作为被告，这是行政诉讼的一大特点。

试题演练

（单选题）李林被A县公安局处罚款800元，李林不服，向市公安局提起复议。结果市公安局维持了该处罚决定，李林仍然不服，又依法提起行政诉讼，下列选项中符合《行政诉讼法》规定的是（　　）

A. 此案一般应当归属中级人民法院管辖

B. 此案的审理和判决应当不公开

C. 应当以县公安局和市公安局为共同被告

D. 李林对二审法院的判决，可以再提起上诉

【答案】 C

【解析】 根据《行政诉讼法》第二十六条，公民、法人或者其他组织直接向人民法院提起诉讼的，作出行政行为的行政机关是被告。经复议的案件，复议机关决定维持原行政行为的，作出原行政行为的行政机关和复议机关是共同被告；复议机关改变原行政行为的，复议机关是被告。本题复议机关市公安局维持县公安局的行政行为，因此县公安局和市公安局为共同被告。因此，选择C选项。

非　法

第一章　政治

第一节　马克思主义哲学

知识点一　哲学概论

考点梳理

一、哲学与具体科学的关系

马克思主义哲学与具体科学是**一般与个别**、**共性与个性**的关系，二者既互相区别又互相联系。

（1）区别：**具体科学**以世界**某一领域**的**特殊规律**为研究对象，**哲学**则以**整个世界**的**最一般规律**为研究对象。

（2）联系：**哲学以具体科学的成果为基础**，并随着具体科学的发展而发展。哲学所概括的关于自然、社会和思维的普遍规律的理论，又为具体科学的研究提供了世界观和方法论的指导。

二、哲学的基本问题

哲学的基本问题是思维与存在的关系问题。对哲学基本问题的回答，是解决其他一切哲学问题的前提和基础。具体包括两个方面：

（1）第一性——划分出唯物主义和唯心主义

即思维和存在哪个是世界本原的问题，它是划分唯物论和唯心论的唯一标准。根据对上述基本问题第一方面的不同回答，哲学可划分为唯物主义和唯心主义两个对立的基本派别。

（2）同一性——划分出可知论和不可知论

根据对上述基本问题第二方面的不同回答，哲学又可以划分为可知论和不可知论。即思维能否认识或能否彻底认识世界的问题。一切唯物主义者和彻底唯心主义

者都是可知论者，不可知论者本质上也是唯心主义的一种表现。

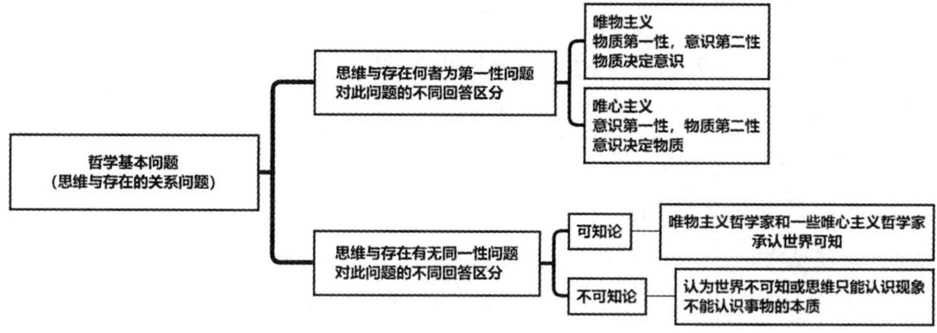

三、唯物主义的三种历史形态

（1）古代朴素唯物主义：认为**某种物质的具体形态**（或者某种具体的实物）是世界的本原。基本特征是把一种或几种具体的物质形态、“原初的物质”作为世界的本原，如：水为万物的始基；世界是一团永恒燃烧的活火。

（2）近代形而上学唯物主义：以自然科学为基础产生的，根据当时自然科学关于原子是物质最小单位的认识，把物质归结为**原子**，认为原子的属性就是一切物质形态的共同属性。

（3）现代辩证唯物主义和历史唯物主义（马克思主义哲学）：辩证唯物主义认为世界的本原是物质，物质为第一性，精神为第二性。世界物质是运动的、发展的、彼此联系的，和历史唯物主义正确地揭示了物质世界的基本规律。

四、唯心主义的两种基本形态

（1）主观唯心主义：把**人的主观精神**看成是世界的本原，这种精神来自人的内心世界，主要表现为自我意识，例如出现我、心、感觉、感知、经验、意志时，它过分夸大人的精神作用，强调精神万能论。如：“心外无理，心外无物”“存在就是被感知”。

（2）客观唯心主义：把**“客观”精神**当成是世界的本原，这种精神来自人的内心之外，上帝、天命、理念、绝对精神等，都是对这一观点的概括。如：“道是天地之根，万物之母”“万物皆是一理”“天者，理也”。

华图点拨

共性与个性：红苹果、青苹果都是苹果，红、青就是个性，苹果就是共性。

试题演练

（单选题）在此次新冠疫情特效药研制的背景下，我国病毒专家侯云德说“如果让我对年轻人说点什么，就是要学点哲学”表明（　　）

A. 哲学是科学之科学

B. 具体科学的进步推动哲学的发展

C. 哲学是人类对某一具体领域规律的概括

D. 哲学为具体科学研究提供世界观与方法论的指导

【答案】D

【解析】侯云德说年轻人要学点哲学是因为哲学为具体科学的研究提供世界观和方法论的指导。哲学指导新冠疫情特效药研制一切从实际出发，具体问题具体分析。因此，选择D选项。

【拓展】A项：哲学和各门具体科学就是共性和个性、一般和个别、指导和被指导的关系。哲学不等同于具体科学，不能凌驾于科学之上。

B项：具体科学的进步推动哲学的发展材料未体现。

C项：具体科学以世界某一领域的特殊规律为研究对象，哲学则以整个世界的最一般规律为研究对象。

知识点二　唯物论

考点梳理

一、物质和运动的关系

（1）物质与运动：物质是运动的物质；运动是物质的运动。

（2）**运动是物质的存在方式和根本属性**，脱离运动的物质是不存在的，设想不运动的物质，将导致形而上学。

（3）**物质是一切运动变化和发展过程的实在基础和承担者，**世界上没有离开物质的运动，任何形式的运动都有它的物质主体，设想无物质的运动，将导致唯心主义。

二、运动和静止的关系

静止是运动的一种特殊状态。运动和静止既有区别又有联系。

（1）区别——**运动是绝对的、无条件的，静止是相对的、有条件的**。

（2）联系——**运动和静止相互依赖、相互渗透、相互包含**，“动中有静、静中有动”。

无条件的绝对运动和有条件的相对静止构成了事物的矛盾运动。

※否认运动及其绝对性，是形而上学的世界观；

※否认静止及其相对性，会导致相对主义、诡辩论。

三、意识的本质

意识是人脑对客观存在的反映，是人脑对客观存在的主观映象。

（1）从生理基础上说，**意识是人脑的机能，人脑是意识的器官。**意识不能独立地存在，是以人脑为物质基础的。人脑是产生意识的物质器官，但**不是意识的源泉**。

（2）从内容与形式上说，**意识的内容是客观的，形式是主观的**。

四、物质和意识的辩证关系

（1）物质决定意识：物质第一性，意识第二性，物质决定意识，意识是物质世界发展的产物，是人脑对客观事物的反映。

（2）意识对物质具有能动的反作用：意识的能动作用首先表现在意识能够反映客观事物，还突出地表现在意识能够反作用于客观事物。**正确**的意识能够指导人们有效地开展实践活动，**促进**客观事物的发展；**错误**的意识则会把人的活动引向歧途，**阻碍**客观事物的发展。

（3）方法论：①坚持一切从实际出发，**使主观符合客观**，坚持**主观和客观具体的历史的统一**。②重视发挥主观能动性。

华图点拨

形而上学：孤立、静止、片面的观点观察事物的思维方式。

相对主义：一种认为观点没有绝对的对与错的思维方式，即不存在普遍的标准，道德相对主义认为道德没有普遍的标准，审美相对主义认为审美评价没有普遍的标准。比如庄子的“是亦彼也，彼亦是也”，他认为不存在事物的规定性和界限。

试题演练

（单选题）人类与动物的根本区别是(　　)

A. 人类有意识，动物无意识

B. 人类有群体组织，动物无群体组织

C. 人类有宗教信仰，动物无宗教信仰

D. 人类能生产自己必需的生活资料，动物则不能

【答案】 A

【解析】 意识是自然界长期发展的产物，是社会历史的产物。劳动在意识的产生中起了决定性作用。“劳动是理解社会发展史的锁钥。”语言作为思维的外壳是在劳动中产生和发展的。劳动和语言直接推动了从猿脑到人脑的转变。意识的本质是人脑对客观存在的主观映象（反映）。意识是人类所特有的。综上，人类与动物的区别是人类有意识，动物无意识。因此，选择A选项。

【拓展】 ①人被定义为能够使用语言、具有复杂的社会组织与科技发展的生物，尤其是能够建立团体与机构来达到互相支持与协助的目的。中国古代对人的定义是：有历史典籍，能把历史典籍当作镜子以自省的动物。

②动物是生物的一个种类。它们一般以有机物为食，能感觉，可运动，能够自主运动。活动或能够活动之物。根据化石研究，地球上最早出现的动物源于海洋。

知识点三　辩证法

考点梳理

一、世界的普遍联系

联系的概念：联系是事物之间以及事物内部诸要素之间的相互影响、相互制约、相互作用。

联系的**特点：客观性、普遍性、条件性、多样性、系统性。**

方法论：要求我们必须从客观事物本身的真实联系去把握事物，去认识问题和处理问题。

二、世界的永恒发展

发展的概念：发展是揭示事物运动、变化的整体趋势和方向性的范畴，**发展是具有前进性质的运动**，是事物由低级向高级、由简单向复杂、由无序向有序的上升的运动。

发展的实质：新事物的产生和旧事物的灭亡。

三、质量互变规律

（1）量变与质变的辩证关系。

①量变是质变的必要准备，质变是量变的必然结果；

②质变不仅可以完成量变，而且为新的量变开辟道路；

③总的量变中有部分质变，质变中有量变的特征。

（2）事物的变化**是否超出度的范围，是区分量变和质变的根本标志**。

（3）方法论意义：积极**做好量的积累**，为客观事物质变创造条件；坚持**适度原则**。

四、对立统一规律——唯物辩证法的核心和实质

（1）矛盾的**同一性和斗争性**——矛盾的**两个基本属性**

①矛盾的**同一性**是矛盾双方**相互依存、相互贯通**的性质和趋势。

②矛盾的**斗争性**是矛盾着的对立面之间**相互排斥、相互分离**的性质和趋势。

（2）内外因辩证关系原理

内因是事物发展的根本原因，是变化的根据。

外因是事物发展的第二位的原因，**是变化的条件。**

外因通过内因而起作用。

（3）矛盾的普遍性和特殊性

①矛盾**普遍性**：矛盾无处不在，无时不有。

②矛盾**特殊性**：三种表现形式，其一为不同事物的矛盾各自有各自特点；其二为同一事物的矛盾在不同发展阶段有不同特点；其三为构成事物的诸多矛盾及其每一矛盾的不同方面各有不同的性质、地位和作用。

③方法论：**“具体问题具体分析”，**任何具体事物都是矛盾的普遍性和特殊性的统一，分析矛盾就是分析事物矛盾的普遍性和特殊性。

（4）矛盾的不平衡性

①主要矛盾和次要矛盾辩证关系

主要矛盾：它的存在和发展，**决定或影响着其他矛盾**的存在和发展。这种在事物发展过程中**处于支配地位**、对事物发展**起决定作用**的矛盾就**是主要矛盾**。

次要矛盾：其他处于**从属地位**、对事物发展**不起决定作用**的矛盾。

因此，办事情要分清主次，着重把握主要矛盾，抓重点、抓中心、抓关键；又不忽视次要矛盾的解决，统筹兼顾。

②矛盾的主要方面和次要方面辩证关系

唯物辩证法认为，每一个矛盾中的两个方面的力量是不平衡的。

在矛盾双方中，处于支配地位，起**主导**作用的方面叫矛盾的**主要方面**。

而处于**被支配**地位的方面叫矛盾的**次要方面**。**事物的性质主要是由主要矛盾的主要方面决定的**。

矛盾的**主要方面与次要方面**既**相互排斥，又相互依赖**，并在一定条件下**相互转化**。

五、否定之否定规律

（1）否定之否定的实质是对立面的统一，体现了事物自己运动的深刻内容，包括两次否定：即对肯定的否定、对否定的否定，三个阶段：即肯定阶段、否定阶段、否定之否定阶段。**（事物发展的完整过程：肯定——否定——否定之否定）**

（2）从事物发展过程看，经历两次否定，三个阶段，便形成一个发展周期；从内容上看，这是事物自己发展自己、自己完善自己的过程；从表现形态上看，是**螺旋式上升或波浪式前进，**即曲折前进的过程。

（3）否定之否定规律揭示了**事物发展是前进性和曲折性的统一**：

①事物发展的总趋势是前进上升的。②事物发展的道路是曲折的。

华图点拨

矛盾的主要方面与次要方面在一定条件下相互转化。比如：一勺污水洒进一桶干净的水中，就会得到一桶污水。一桶水实现了干净与脏污的转化。

试题演练

（单选题）在推动科技创新过程中，我国社会主义制度集中力量办大事的显著优势突出表现在，我们具有强有力的组织系统，能够有效整合各种科研资源，克服分散、低效，重复的弊端，这表明(　　)

A. 一定条件下关键部分的功能对整体功能起决定作用

B. 系统优化方法是认识世界和改造世界根本方法

C. 以有序结构组织起来的整体功能大于部分功能之和

D. 创造事物之间的客观联系有利于发挥整体最大效益

【答案】C

【解析】整体与部分是辩证统一的，整体居于主导地位，统率着部分，具有部分不具备的功能，部分离不开整体，要求我们树立全局观念，立足整体，统筹全局，实现最优目标。当各部分以合理结构形成整体时，整体功能就会大于部分之和。题干中“一直要强调组织系统、整合各种资源，克服分散、低效，重复的弊端”，说明要从整体着眼，要有全局意识，即表明以有序结构组织起来的整体功能大于部分功能之和。因此，选择C选项。

知识点四　认识论

考点梳理

一、认识的发展规律

（1）从感性认识到理性认识的飞跃（第一次飞跃）

①感性认识——是借助于**感观**所获得的关于事物的**现象和外部联系的认识**。感性认识通过**感觉**、**知觉**、**表象**三种形式反映。

②理性认识——是借助于**抽象思维**所获得的关于事物的**本质和内部联系**的认识。理性认识通过**概念**、**判断**、**推理**三种形式来反映。

（2）从理性认识到实践的飞跃（第二次飞跃）

二、认识与实践的辩证关系

（1）实践是认识的基础，实践对认识具有决定作用。

①实践是认识的**来源**；

②实践是认识发展的**动力**；

③实践是检验认识是否正确的**唯一标准**；

④实践是认识的**目的和归宿**。

（2）认识对实践具有能动的反作用。

①**正确**的理论指导实践会使实践达到预期的效果，使实践活动**顺利**进行；

②**错误**的理论指导实践会对实践产生消极乃至破坏性的作用，使实践**失败**。

华图点拨

表象是事物感性形象在大脑中的再现，是指曾经作用于人的感觉器官而引起感觉到的事物在离开人的感官以后，它的感性形象在人的大脑中重新浮现。比如：我在家里写日记，日记中记录了游玩的山水，是我的经历，是我获得的表象认识。

试题演练

（单选题）毛泽东同志指出，认清中国的国情，乃是认清一切革命问题的根据。要解决社会主义现代化建设中的问题，也必须认清当代中国的国情。这表明(　　)

A. 实践是认识的来源和基础

B. 科学理论对实践具有指导作用

C. 主观与客观的统一是具体的、历史的

D. 理性认识比感性认识更可靠、更深刻

【答案】C

【解析】主观与客观的统一是具体的、历史的，指的是人们认识过程中主观思想和客观事物的辩证统一关系。它是辩证唯物主义认识论的基本观点。辩证唯物主义认为，客观决定主观，主观依赖于客观，人的主观思想是客观事物的反映。人的认识的辩证运动，也就是主观和客观在实践基础上的辩证统一。人们的认识任务就是求得主观和客观之间的具体的历史的统一。这个统一应是具体的，就是说，主观认识要同一定时间、条件、地点下的客观实践相符合。这个统一应是历史的，就是说，主观认识要同不断变化着的客观实践相适应。具体的历史的统一要求人们，当客观实践的具体过程已经向前推移的时候，主观认识就应当随之而转变。题干中，“认清中国的国情，乃是认清一切革命问题的根据”是说“国情”与“革命”相统一，即主观与客观的统一；在社会主义现代化建设中，也要坚持“国情”与建设中实际问题的统一。表明了主观与客观的统一是具体的、历史的。因此，选择C选项。

【拓展】A项：实践是认识的来源和基础，强调的是实践对认识的决定作用，没有实践就没有认识。而题干的逻辑是先有对国情的认识，再解决中国的问题，逻辑顺序不对。A项排除。

B项：题干中并未出现科学的理论，干扰项，排除。

D项：题干中并未出现理性认识和感性认识的对比，因此，得不出理性认识比感性认识更可靠、更深刻这个认识判断。D项排除。

第二节 中共党史

知识点 党史

考点梳理

会议	时间	地点	内容
中共一大	1921年7月	上海 浙江嘉兴	(第一个共产主义小组在上海成立) 确定党的名称为"中国共产党"; 规定党的奋斗目标是:宣告了中国共产党的正式成立 选举陈独秀为中央局书记
中共二大	1922年7月	上海	分析了国际形势,制定了党的最高纲领(共产主义)和最低纲领(消除内乱,打倒军阀,建设国内和平,统一中国), 指出了中国革命要分两步走,在中国近代史上第一次提出了彻底的反帝反封建的民主革命纲领
中共三大	1923年6月	广州	决定全体共产党员以个人名义加入国民党,以建立各民主阶级的统一战线,同时保持共产党在组织上、政治上的独立性。(最早使用统一战线的是瞿秋白)
国共第一次合作	1924年	广州	会上确定了"联俄、联共、扶助农工"新三民主义。国民党一大的召开,标志着第一次国共合作的正式形成
中共四大	1925年1月	上海	大会着重讨论了无产阶级在民族革命运动中的地位,提出无产阶级在民主革命中的领导权问题和工农联盟问题
中共五大	1927年4月	汉口	批评了陈独秀的右倾错误,实际上没有解决任何问题
南昌起义 八七会议 秋收起义	1927年	南昌 汉口 湖南	南昌起义打响了武装反抗国民党统治的第一枪。八七会议总结了失败教训,纠正了陈独秀右倾投降主义错误,确定了土地革命和武装反抗国民党反动派统治的总方针,提出政权是从枪杆子中取得的。瞿秋白开始担任领导工作。秋收起义创立了第一个农村革命根据地——井冈山革命根据地
三湾改编	1927年	三湾	这是工农红军政治工作的开端,确立了党对军队的绝对领导原则
古田会议	1929年	古田	用无产阶级思想进行军队和党的建设。在党建方面,强调把思想建设放在首位

续表

会议	时间	地点	内容
遵义会议	1935 年 1 月	遵义	结束了王明“左”倾冒险主义在党中央的统治，开始确立了以毛泽东为代表的新的中央的正确领导；是中国共产党第一次独立自主地运用马克思列宁主义原理解决中国革命问题；是中国共产党从幼年走向成熟的标志
瓦窑堡会议	1935 年 12 月	陕北瓦窑堡	决定建立最广泛的抗日民族统一战线
洛川会议	1937 年 8 月	洛川	会议决定把党的工作重心放在战区和敌后，在敌后放手发动群众，开展独立自主的游击战争，开辟敌后战场，建立敌后抗日根据地
中共七大	1945 年 4 月	延安	《论联合政府》提出党的三大作风：理论联系实际，密切联系群众，批评与自我批评。七大确立毛泽东思想为党的指导思想
三大战役	1948 年 9 月 12 日至 1949 年 1 月 31 日	东北、华北、华东	中国人民解放军同国民党军队进行的战略决战，包括辽沈战役、淮海战役、平津战役三场战略性战役。三大战役的胜利，使国民党赖以维持其反动统治的主要军事力量基本上被消灭，奠定了人民解放战争在全国胜利的基础
七届二中全会	1949 年 3 月	西柏坡	工作重心由农村转移到城市；关于在新形势下加强党的建设的问题。毛泽东同志在党的七届二中全会上要求全党在胜利面前保持清醒头脑，在夺取全国政权后要经受住执政的考验，务必使同志们继续保持谦虚、谨慎、不骄、不躁的作风，务必使同志们继续地保持艰苦奋斗的作风
开国大典	1949 年 10 月 1 日	北京	中华人民共和国中央人民政府成立典礼在北京天安门举行，被称为开国大典，是中华人民共和国成立的标志。中华人民共和国的成立，开辟了中国历史新纪元。从此，中国结束了一百多年来被侵略、被奴役的屈辱历史，真正成为独立自主的国家
中共八大	1956 年	北京	分析了国内形势和主要矛盾的变化，指出我国国内的主要矛盾是人民对经济文化迅速发展的需求同当前经济文化不能满足人民需要的状况之间的矛盾
十一届三中全会	1978 年 12 月	北京	邓小平：《解放思想，实事求是，团结一致向前看》，重新确立了解放思想、实事求是的原则；作出了把党的工作重点转移到社会主义现代化建设上来的战略决策；提出了改革开放的重要思想
十二大	1982 年 9 月	北京	邓小平提出走自己的道路，建设有中国特色社会主义。它标志着建设有中国特色社会主义思想的正式确立

续表

会议	时间	地点	内容
十三大	1987 年 10 月	北京	系统地阐述了关于社会主义初级阶段的理论：A 已经进入社会主义初级阶段，B 长期处于社会主义初级阶段。 党在社会主义初级阶段的基本路线：一个中心：经济建设（核心）。两个基本点：四项基本原则（立国之本）、改革开放（强国之路）
南方谈话	1992 年	南方多城市	1. 社会主义的**本质**是解放生产力，发展生产力，消灭剥削，消除两极分化，最终达到共同富裕。革命是解放生产力，改革也是解放生产力；坚持党的“一个中心、两个基本点”的基本路线，一百年不动摇。 2. 发展才是硬道理；发展经济必须依靠科技和教育，重申科技是第一生产力。 3. 正确的政治路线要靠正确的组织路线来保证，注意培养人，按“四化”标准选拔人才进入领导层；要反对形式主义
十四大	1992 年 10 月	北京	确定我国经济体制改革的目标是建立社会主义市场经济体制
十五大	1997 年 9 月	北京	把邓小平理论确定为党的指导思想。把依法治国确定为治国的基本方略，完整地提出和论述了党在社会主义初级阶段的基本纲领
十六大	2002 年 11 月	北京	高举邓小平理论伟大旗帜，全面贯彻“三个代表”重要思想，继往开来，与时俱进，提出全面建设小康社会的奋斗目标
十七大	2007 年	北京	高举中国特色社会主义伟大旗帜，以邓小平理论和“三个代表”重要思想为指导，深入贯彻落实科学发展观，继续解放思想，坚持改革开放，推动科学发展，促进社会和谐，为夺取全面建设小康社会新胜利而奋斗
十八大	2012 年	北京	确立科学发展观为指导思想，确立地位； 首次提出全面建成小康社会
十九大	2017 年 10 月 18 日	北京	审议通过《中国共产党章程（修正案）》； 习近平新时代中国特色社会主义思想写入党章，成为党的行动指南

二十大：

1. 大会主题

高举**中国特色社会主义伟大旗帜**，全面贯彻**新时代中国特色社会主义思想**，弘扬伟大建党精神，自信自强、守正创新，踔厉奋发、勇毅前行，为**全面建设社会主**

义现代化国家、全面推进中华民族伟大复兴而团结奋斗。

2. 三个务必

全党同志**务必不忘初心、牢记使命，务必谦虚谨慎、艰苦奋斗，务必敢于斗争、善于斗争**，坚定历史自信，增强历史主动，谱写新时代中国特色社会主义更加绚丽的华章。

3. 三件大事

一是**迎来中国共产党成立一百周年**；

二是**中国特色社会主义进入新时代**；

三是**完成脱贫攻坚、全面建成小康社会的历史任务**，实现第一个百年奋斗目标。

4. 新境界六个坚持

坚持**人民**至上；坚持**自信**自立；坚持守正**创新**；

坚持**问题**导向；坚持系统**观念**；坚持胸怀**天下。**

5. 跳出历史周期率的第二个答案

经过不懈努力，党找到了**自我革命**这一跳出治乱兴衰历史周期率的第二个答案，确保党永远不变质、不变色、不变味。

6. 归根到底是两个“行”

中国共产党为什么能，中国特色社会主义为什么好，归根到底是马克思主义行，是**中国化时代化的马克思主义行**。拥有马克思主义科学理论指导是我们党坚定信仰信念、把握历史主动的根本所在。

7. 党的中心任务

团结带领全国各族人民**全面建成社会主义现代化强国、实现第二个百年奋斗目标**，以中国式现代化全面推进中华民族伟大复兴。

8. 五个中国式现代化

人口规模巨大的现代化；

全体人民共同富裕的现代化；

物质文明和精神文明相协调的现代化；

人与自然和谐共生的现代化；

走和平发展道路的现代化。

9. 牢牢把握五个重大原则

坚持和加强**党**的全面**领导**；坚持中国特色社会主义**道路**；

坚持以**人民**为中心的发展思想；坚持深化**改革**开放；坚持发扬**斗争**精神。

10. 五个“必由之路”

坚持党的全面领导是坚持和发展中国特色社会主义的**必由之路**；

中国特色社会主义是实现中华民族伟大复兴的**必由之路**；

团结奋斗是中国人民创造历史伟业的**必由之路**；

贯彻新发展理念是新时代我国发展壮大的**必由之路**；

全面从严治党是党永葆生机活力、走好新的赶考之路的**必由之路**。

华图点拨

红船精神：开天辟地、敢为人先的首创精神，坚定理想、百折不挠的奋斗精神，立党为公、忠诚为民的奉献精神。

建党精神：坚持真理、坚守理想、践行初心、担当使命、不怕牺牲、英勇斗争、对党忠诚、不负人民。

试题演练

（单选题）党领导人民浴血奋战，百折不挠，创造了新民主主义革命的伟大成绩，关于新民主主义革命时期的重大历史事件，正确的是（　　）

A. 秋收起义标志着中国共产党独立领导革命战争，武装夺取政权的开端

B. 红军长征实现了北上抗日的战略转移，实现了中国共产党和中国革命事业从挫折走向胜利的伟大转折

C. 百团大战是全民族抗战爆发后中国军队主动对日作战取得的第一个重大胜利

D. 辽沈、淮海、平津三大战役是人民战士的伟大胜利，全面运用敌进我退、敌驻我扰、敌疲我打、敌退我追的军事原则

【答案】 B

【解析】 从1934年10月至1936年10月，红军第一、第二、第四方面军和第二十五军进行了伟大的长征。我们党领导红军，以非凡的智慧和大无畏的英雄气概，战胜千难万险，付出巨大牺牲，胜利完成震撼世界、彪炳史册的长征，宣告了国民党反动派消灭中国共产党和红军的图谋彻底失败，宣告了中国共产党和红军肩负着

民族希望，胜利实现了北上抗日的战略转移，实现了中国共产党和中国革命事业从挫折走向胜利的伟大转折，开启了中国共产党为实现民族独立、人民解放而斗争的新的伟大进军。因此，选择B选项。

【拓展】 A项：南昌起义标志着中国共产党独立领导革命战争、创建人民军队和武装夺取政权的开端，开启了中国革命新纪元。A项排除。

C项：平型关大捷是全民族抗战爆发后中国军队主动对日作战取得的第一个重大胜利，打破了日军“不可战胜”的神话，极大地振奋了全国军民的抗战信心，提高了共产党和八路军的声望。C项排除。

D项：游击作战十六字诀，即“关于人民军队在敌强我弱条件下广泛开展游击作战的指导性方针”是抗日战争期间的策略。D项排除。

第三节　毛泽东思想

知识点一　毛泽东思想概论

考点梳理

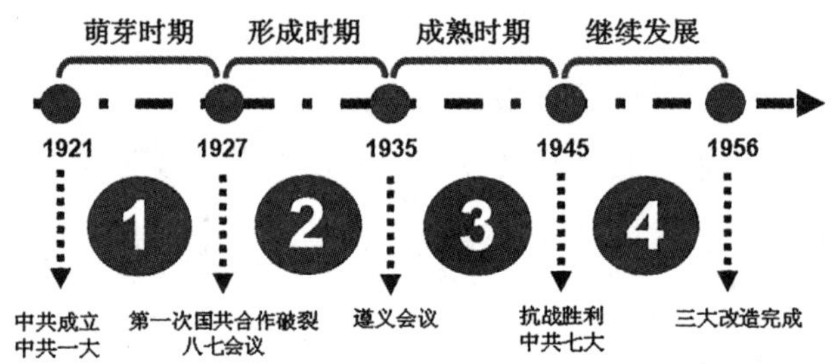

一、萌芽时期（1921.7—1927.7，国民大革命时期）

1. 新民主主义基本思想提出，标志着毛泽东思想的萌芽。

2. 代表作

1925.12	**《中国社会各阶级的分析》**	**指出分清敌友是革命的首要问题，农民是革命的主力军。该文章是毛泽东思想萌芽的标志**
1926.9	**《国民革命和农民运动》**	指出农民问题是国民革命的中心问题

续表

1927. 3	《湖南农民运动考察报告》	肯定农民的作用及党领导农民革命的重要性

二、形成时期（1927. 7—1935. 1）

1. 独创性地探索了适合中国特点的农村包围城市、武装夺取政权的新道路，标志着毛泽东思想的基本形成。

2. 代表作

1928. 10	《中国的红色政权为什么能够存在》	提出红色政权存在发展的原因和主客观条件，提出**“工农武装割据”**：在中国共产党的领导下，以土地革命为基本内容，武装斗争为主要形式，农村根据地为战略阵地
1930. 1	**《星星之火，可以燎原》**	提出了走**“农村包围城市，武装夺取政权”**的道路
1930. 5	**《反对本本主义》**	①党内第一篇**反对教条主义、提出思想路线**的文献； ②**没有调查就没有发言权；** ③中国革命的胜利要靠中国同志了解中国情况； ④基本形成了包含毛泽东思想活的灵魂的三个方面

三、成熟时期（1935. 1—1945. 8）

1. 1943 年，第一次提出“毛泽东思想”这一概念的是王稼祥的《中国共产党与中国民族解放的道路》一文。

2. 1945 年，刘少奇在**中共七大**上做的《关于修改党章的报告》对毛泽东思想做了科学系统的阐述，在此次会议上毛泽东思想被确定为党的指导思想。

3. **《新民主主义论》**提出了新民主主义革命理论，标志着新民主主义理论体系的完整形成，标志着毛泽东思想的成熟。

4. 代表作

1937. 7	《实践论》 《矛盾论》	**奠定了实事求是的思想路线**

续表

1938. 6	《论持久战》	揭示了抗日战争发展的基本规律（敌强我弱、敌退步、我进步、敌小我大、敌寡助、我多助）； 论述了只有实行人民战争，才能赢得胜利的思想； 抗日战争的主要形式是运动战，其次是游击战
1939. 10	**《〈共产党人〉发刊词》**	提出三大法宝：统一战线、武装斗争、党的建设。 党的建设是中国革命胜利的重要保证，是一个“伟大的工程”。 第一次明确提出“马克思主义的理论和中国革命实践相结合”这个根本思想原则
1939. 12	**《中国革命和中国共产党》**	分析了中国的社会性质问题，精辟地指出“认清中国的国情，乃是认清一切革命问题的根本依据”。 阐明了中国革命的历史进程必须分为新民主主义革命和社会主义革命两部分。 首次提出“新民主主义革命”的科学概念和总路线
1940. 1	**《新民主主义论》**	提出新民主主义革命理论，**标志着新民主主义理论体系的完整形成**。 政治纲领：建立无产阶级领导的，以工农联盟为基础的，几个革命阶级联合专政的民主共和国
1941. 5	《改造我们的学习》	反对主观主义是延安整风的最主要任务。 对**“实事求是”这一概念作出科学解释**
1942. 2	《反对党八股》	延安整风主要内容：反对主观主义整顿学风，反对宗派主义整顿党风，反对党八股以整顿文风。 邓小平指出，把列宁建党学说发展得最为完备的是毛泽东
1943. 6	《关于领导方法的若干问题》	最早完整地提出**群众路线**。有无群众的观点是我党区别于其他一切剥削阶级政党的根本区别
1945. 4	**《论联合政府》**	报告概括了中国共产党在长期革命斗争中形成的三大作风：理论和实践相结合的作风，密切联系群众以及批评与自我批评的作风。指出这是中国共产党区别于其他政党的显著标志

四、继续发展（1945. 9—1976）

1947. 12	**《目前形势和我们的任务》**	第一次提出**新民主主义的三大经济纲领**

续表

1948. 4	**《在晋绥干部会议上的讲话》**	完整提出了新民主主义革命的总路线和土改总路线。 首次提出了**“中华人民共和国”**的概念
1949. 6	《论人民民主专政》	人民民主专政的本质特征是对人民实行民主，对敌人实行专政；人民民主专政的组织形式是人民代表大会制度
1956. 4	**《论十大关系》**	总结了我国社会主义建设的经验，提出了**调动一切积极因素为社会主义建设事业服务**的基本方针，对适合中国情况的社会主义建设道路进行了初步的探索。 第一次就民主党派问题提出“长期共存，互相监督”
1957. 6	《关于正确处理人民内部矛盾的问题》	把正确区分和处理人民内部矛盾，作为社会主义国家政治生活的主要内容

华图点拨

1. 第一次正式提出“马克思主义的中国化”命题的会议，六届六中全会。

2. 第一次提出马克思主义的中国化的根本思想原则的文章：《〈共产党人〉发刊词》。

试题演练

（单选题）毛泽东思想的形成标志着马克思主义同中国实际结合的历史性飞跃，（　　）将毛泽东思想确立为党的指导思想。

A. 中共六大　　B. 中共七大

C. 中共八大　　D. 中共九大

【答案】B

【解析】1945 年 4 月 23 日至 6 月 11 日，中共七大在延安胜利召开，这是在中国共产党和中国革命历史上占有重要地位、具有重要意义的一次历史性会议。党的七大的一个重要贡献就是第一次明确地把毛泽东思想确立为全党的指导思想，并庄严地写入党章。它标志着马克思主义中国化的进程实现了第一次历史性飞跃，也标志着中国共产党在政治上、思想上和组织上达到了空前的团结、统一和成熟。因此，选择 B 选项。

知识点二　新民主主义革命理论与经验

考点梳理

一、近代中国国情与资产阶级民主主义革命

（一）近代中国国情

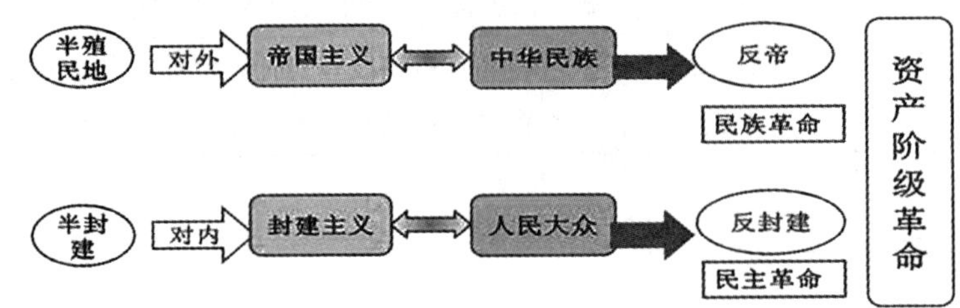

1. 近代中国社会的性质

半殖民地半封建社会。

2. 主要矛盾

帝国主义与中华民族的矛盾、封建主义和人民大众的矛盾。

3. 革命的根本任务与性质

近代中国社会的性质和主要矛盾，决定了近代中国革命的根本任务是推翻帝国主义、封建主义和官僚资本主义的统治，从根本上推翻反动腐朽的政治上层建筑，变革阻碍生产力发展的生产关系，为建设富强民主的国家、改善人民的生活、确立人民当家作主的政治地位扫清障碍，创造必要的前提。也就是说，近代中国社会的性质和主要矛盾，决定了近代中国革命是资产阶级民主革命。

4. 近代以来中华民族面对的两大历史任务

一个是求得民族独立和人民解放；一个是实现国家繁荣富强和人民共同富裕。

关系：前一任务为后一任务扫清障碍，创造必要的前提，后一任务是前一任务的最终目的和必然要求。

（二）资产阶级的民主革命

旧民主主义革命（1840 鸦片战争——1919 五四运动）

新民主主义革命（1919 五四运动——1949 新中国成立）

旧民主主义革命与新民主主义革命的异同	
相同点	①社会性质：都发生在半殖民地半封建社会 ②革命任务：都是反对外国资本主义侵略和本国封建统治 ③革命性质：都属于资产阶级民主革命的范畴
不同点	**①领导力量/领导权：资产阶级，无产阶级（根本区别）** ②指导思想：资产阶级的平等、自由思想和民主共和观念；马克思主义 ③革命前途：建立资产阶级民主共和国；完成民主革命任务后，还要进入社会主义社会 ④结果不同：革命任务没有完成，社会性质没有改变；新民主主义革命的胜利成为社会主义的必要准备。社会主义是新民主主义革命的必然结果

二、新民主主义革命的总路线

1948 年 4 月，毛泽东《在晋绥干部会议上的讲话》中完整提出新民主主义革命总路线，即无产阶级领导的，人民大众的，反对帝国主义、封建主义和官僚资本主义的革命。

（一）对象：帝国主义、封建主义、官僚资本主义。

（二）动力：人民大众，包括无产阶级、农民阶级、城市小资产阶级和民族资产阶级。

1. 中国无产阶级是中国革命最基本的动力。
2. 农民是中国革命的主力军，是无产阶级最可靠的同盟军。
3. 城市小资产阶级是革命的动力之一。
4. 民族资产阶级是一个带有两面性的阶级。

（三）领导力量：无产阶级。革命领导权是区别新旧民主革命的主要标志。

三、新民主主义革命的基本经验（三大法宝）

1939 年 10 月，毛泽东在《〈共产党人〉发刊词》中写道：“十八年的经验，已使我们懂得：**统一战线，武装斗争，党的建设，是中国共产党在中国革命中战胜敌人的三个法宝。**”“统一战线和武装斗争，是战胜敌人的两个基本武器。统一战线，是实行武装斗争的统一战线。而党的建设，则是掌握统一战线和武装斗争这两个武器以实行对敌冲锋陷阵的英勇战士。这就是三者的关系。”

（一）武装斗争

1. 中国革命必须以长期的武装斗争为主要形式。

2. 中国武装斗争实质是无产阶级领导的以农民为主体的革命战争。

3. 新型人民军队的建设的基本原则：全心全意为人民服务是人民军队的唯一宗旨；党对军队的绝对领导是人民军队的根本原则；政治工作是人民军队的生命线。

（二）统一战线

1. 中国新民主主义革命时期的统一战线，包含着两个联盟。

一是工人阶级和其他劳动人民的联盟；二是工人阶级同可以合作的非劳动人民的联盟。

中国共产党处理两个联盟的经验是：

第一，放手发展和加强工农联盟，使它真正成为统一战线的基础和依靠；

第二，尽可能扩大第二个联盟，团结一切可以团结的力量；

第三，正确地发挥两个联盟之间的相互作用，使它们互相促进。

2. 无产阶级在统一战线中的独立自主原则。

所谓坚持党在统一战线中的独立自主原则，是指在坚持统一战线的前提下，保持党在思想上、政治上、组织上的独立性。制定了“利用矛盾，争取多数，反对少数，各个击破”的十六字策略。

（三）党的建设

在半殖民地半封建的农村和长期战争环境下，怎样建设一个全国范围的具有广大群众性的、思想上政治上组织上完全巩固的无产阶级政党的问题，毛泽东在1939年10月《〈共产党人〉发刊词》中把它称为一项“伟大的工程”。

1. 思想建设

思想上建党是毛泽东的马克思主义建党学说的重要内容和显著特点。

2. 组织建设

民主集中制是中国共产党的根本组织原则，它是民主基础上的集中和集中指导下的民主的有机结合。民主集中制的基本要求是：个人服从组织，少数服从多数，下级服从上级，全党服从中央。

3. 作风建设

（1）延安整风运动

方针：“惩前毖后，治病救人”

方式：“团结——批评——团结”

内容：反对主观主义整顿学风，反对宗派主义整顿党风，反对党八股以整顿文风。

（2）三大优良作风

毛泽东 1945 年在《论联合政府》中概括了中国共产党的三大优良作风，**即理论联系实际的作风，密切联系群众的作风，批评和自我批评的作风。**这是中国共产党区别于其他政党的显著标志。

（3）1949 年 3 月，七届二中全会毛泽东首次提出加强执政党建设的问题，提出了“两个务必”：**务必积极保持谦虚、谨慎、不骄不躁的作风，务必继续保持艰苦奋斗的作风加强执政党的建设。**

华图点拨

党的二十大提出**“三个务必”**：①全党同志**务必不忘初心、牢记使命；②务必谦虚谨慎、艰苦奋斗；③务必敢于斗争、善于斗争**，坚定历史自信，增强历史主动，谱写新时代中国特色社会主义更加绚丽的华章。

试题演练

（单选题）在新民主主义革命时期，我国是（　　），社会的主要矛盾是帝国主义和中华民族的矛盾，是封建主义和人民大众的矛盾。

A. 封建社会

B. 殖民地社会

C. 半殖民地半封建社会

D. 资本主义社会

【答案】C

【解析】在新民主主义革命时期，我国是半殖民地半封建社会，半殖民地半封建社会是指近代中国的一种特殊的社会形态。半殖民地，是相对于完全殖民地而言的。它是指形式上有自己政府的独立国家，实际上政治、经济等社会各方面都受到外国殖民主义的控制和奴役，在社会发展形态上是历史的沉沦；半封建是相对于完全的封建社会而言的。它是指形式上仍是封建统治和自然经济占主导，实际上社会已逐渐近代化，资本主义经济、政治、思想文化等因素在不断发展壮大，在社会发展形态上是历史的进步。半殖民地是从国家的政治地位上看的，半封建是从社会经济结构上看的。因此，选择 C 选项。

【拓展】1919 年爆发的五四运动是中国从旧民主主义革命走向新民主主义革命的转折点；1949 年，中华人民共和国的成立标志着中国新民主主义革命的基本胜利。

第四节　中国特色社会主义理论体系

知识点　中国特色社会主义理论体系概论

考点梳理

<table>
<tr><th colspan="2">邓小平理论</th></tr>
<tr><td>回答问题</td><td>“什么是社会主义、怎样建设社会主义”</td></tr>
<tr><td rowspan="4">形成和发展</td><td>提出阶段：十一届三中全会（1978）到十二大（1982）前夕</td></tr>
<tr><td>初步形成：十二大到十三大（1987）</td></tr>
<tr><td>继续发展：十三大到十四大（1992）。
南方谈话是邓小平理论成熟的主要标志</td></tr>
<tr><td>正式确立：党 1997 年的十五大把邓小平理论确立为党的指导思想，写入党章</td></tr>
<tr><td>社会主义初级阶段的主要矛盾</td><td>人民群众日益增长的物质文化需要同落后的社会生产之间的矛盾</td></tr>
<tr><td>党的基本路线</td><td>一个中心，两个基本点：以经济建设为中心，坚持四项基本原则，坚持改革开放</td></tr>
<tr><td>改革性质</td><td>社会主义制度的自我完善和发展</td></tr>
<tr><td>改革的起点</td><td>安徽凤阳小岗村，家庭联产承包责任制</td></tr>
<tr><td>改革的标准</td><td>衡量一切工作是非得失的判断标准——“三个有利于”</td></tr>
<tr><td>开放</td><td>经济特区：深圳、珠海、汕头、厦门（1980 年）、海南岛（1988 年）、喀什（2010 年）、霍尔果斯（2010 年）</td></tr>
<tr><td rowspan="2">解放思想、实事求是</td><td>解放思想、实事求是——是邓小平理论的精髓和活的灵魂</td></tr>
<tr><td>解放思想、实事求是的辩证统一：解放思想是实事求是的内在要求和前提；实事求是是解放思想的目的和归宿</td></tr>
<tr><th colspan="2">“三个代表”</th></tr>
<tr><td>内容</td><td>关键在坚持与时俱进，核心在坚持党的先进性，本质在坚持执政为民</td></tr>
<tr><th colspan="2">科学发展观</th></tr>
<tr><td>内容</td><td>第一要义是发展，核心是以人为本，基本要求是全面协调可持续，根本方法是统筹兼顾</td></tr>
</table>

续表

习近平新时代中国特色社会主义思想	
地位	全党全国人民为实现中华民族伟大复兴而奋斗的行动指南
总任务	实现社会主义现代化和中华民族伟大复兴，在全面建成小康社会的基础上，分两步走在本世纪中叶建成富强民主文明和谐美丽的社会主义现代化强国
主要矛盾	人民日益增长的美好生活需要和不平衡不充分的发展之间的矛盾，必须坚持以人民为中心的发展思想
布局	**总体布局**是“五位一体”、**战略布局**是“四个全面”，强调坚定道路自信、理论自信、制度自信、文化自信
全面深化改革总目标	完善和发展中国特色社会主义制度、推进国家治理体系和治理能力现代化
全面推进依法治国总目标	建设中国特色社会主义法治体系、建设社会主义法治国家
新时代的强军目标	建设一支听党指挥、能打胜仗、作风优良的人民军队，把人民军队建设成为世界一流军队
中国特色大国外交	推动构建新型国际关系，推动构建人类命运共同体
中国特色社会主义最本质的特征；中国特色社会主义制度的最大优势	中国共产党领导
新时代党的建设总要求	突出政治建设在党的建设中的重要地位

华图点拨

邓小平南方谈话经过的主要城市：武昌、深圳、珠海、上海。

试题演练

(单选题)（　　）是实现“两个一百年”奋斗目标的历史交汇期。

A. 从 2020 年到 2035 年　　B. 从十九大到二十大

C. 从二十大到二十一大　　D. 从 2035 年到本世纪中叶

【答案】 B

【解析】 党的十九大报告指出，从十九大到二十大，是“两个一百年”奋斗目标的历史交汇期。我们既要全面建成小康社会、实现第一个百年奋斗目标，又要乘势而上开启全面建设社会主义现代化国家新征程，向第二个百年奋斗目标进军。因此，选择B选项。

第二章 经济

第一节 马克思主义政治经济学

知识点一 商品

考点梳理

商品及其基本属性

(一) 商品的概念

商品是用来交换的劳动产品。

(二) 商品的基本属性(商品的二因素)

1. 使用价值(自然属性)

使用价值是商品的自然属性,指商品能够满足人们某种需要的属性。**具体劳动创造使用价值。**

2. 价值(社会属性)

价值是商品的社会属性,价值是指凝结在商品中的无差别的人类劳动。**抽象劳动创造价值。**

3. 商品二因素的关系

商品二因素	统一	对立
二者关系	1. 任何商品都是价值和使用价值的统一体。 2. 使用价值是商品价值的物质承担者。 3. 价值是商品的本质属性	任何人都不能同时拥有商品的两个基本属性。当商品的使用价值和价值分离时,意味着交换的实现

华图点拨

商品要具备两个条件：①交换；②劳动产品。比如：面包房待售的牛奶、糕点；某工厂待售的机器等均属于商品。但是，河里野生的鱼、某单位捐赠给敬老院的衣物、某单位发给员工的奖状等均因缺乏条件，而不是商品。

试题演练

（单选题）商品是指用来交换的劳动产品。下列选项中，属于商品的是（　　）

A. 海外华侨给武汉医务工作者捐赠的医护用品

B. 由于口罩脱销，小王自己在家自缝自用的口罩

C. 政府给低收入人群发放的米、面、粮、油等生活物品

D. 大量农产品滞销，小许通过网上购买的打折促销的农产品

【答案】 D

【解析】 商品是为了出售而生产的劳动成果，是人类社会生产力发展到一定历史阶段的产物，是用于交换的劳动产品。小许通过网上购买的打折促销的农产品是用来交换的劳动产品，属于商品。因此，选择 D 选项。

【拓展】 ABC 项：捐赠的医护用品、自缝自用的口罩、米面粮油等生活物品都不是用来交换的。ABC 项排除。

知识点二　货币

考点梳理

货币的本质与职能

（一）货币的产生

货币是商品交换发展到一定阶段的产物，其产生经历了四个阶段：

偶然的物物交换→扩大的物物交换→一般等价物→一般等价物固定在金银上，货币产生。

（二）货币职能

1. 价值尺度：货币在表现和衡量其他一切商品价值时，执行着价值尺度职能，

这是货币的**基本职能**。货币在执行价值尺度职能时，并不需要现实的货币，只是观念上的或想象的货币。

2. 流通手段：货币在商品流通中充当交换的媒介。流通手段也是货币的**基本职能**。执行流通手段的货币必须是现实的货币。

3. 支付手段：指货币作为交换价值而用于清偿债务、缴纳赋税、支付工资和租金等方面的职能。

4. 贮藏手段：它是货币退出流通领域，被人们当作独立的价值形态和社会财富的一般代表保存起来的职能。

5. 世界货币：货币超越国内流通领域，在国际市场上充当一般等价物，执行着世界货币职能。

华图点拨

区分价值尺度和流通手段：

价值尺度：指以货币作为尺度来表示商品价值的大小。比如一台电视价格 4000 元，这个价格 4000 元就是商品的价值尺度。

流通手段：指在商品交换过程中，货币作为商品交换媒介的职能。比如小明拿着 4000 元从老板那里买下了一台电视，这个 4000 元就是货币发挥流通手段的职能。

试题演练

（单选题）购买标价 2500 元的手机，小李准备先付 1000 元，剩下 1500 元分 10 次，每次 150 元直到付清。2500 元、1000 元和 150 元体现的货币职能依次是(　　)

A. 价值尺度、流通手段、支付手段　　B. 贮藏手段、价值尺度、流通手段

C. 价值尺度、世界货币、流通手段　　D. 价值尺度、支付手段、流通手段

【答案】 A

【解析】 价值尺度指货币衡量商品价值大小的职能。货币在执行价值尺度职能时，并不需要现实的货币，只是观念上或想象的货币。当商品的价值用货币表现的时候，称之为价格。流通手段指货币充当商品交换媒介的职能。执行流通手段的货币必须是现实的货币。支付手段是指货币在商品赊购赊销过程中的延期支付，以及用于清偿债务或支付赋税、租金、工资等职能。当货币作为价值的独立运动形式进行单方面转移时，也属于执行支付手段的职能。题干中手机的标价是货币职能中的

价值尺度，直接支付的 1000 元是流通手段，分期付款是支付手段。因此，选择 A 选项。

知识点三　价值规律

考点梳理

价值规律

（一）价值规律的内容

价值规律是商品生产和商品交换的基本经济规律。

它包括：

1. 商品的价值量和社会必要劳动时间成正比，与部门劳动生产率成反比。
2. 商品按照价值相等的原则互相交换。

（二）价值规律的表现形式

商品价格受供求关系影响，价格围绕价值上下波动。

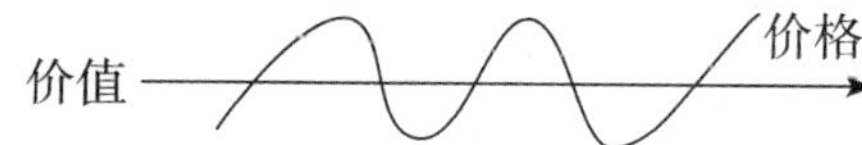

华图点拨

社会必要劳动时间，指在现有社会正常的生产条件下，在社会平均的劳动熟练程度和劳动强度下，制造某种使用价值所需要的劳动时间。为了便于掌握，可以简单理解为社会平均必要劳动时间。

试题演练

（单选题）牛奶盒上写“建议零售价：3 元”，香烟的包装袋上写着“建议零售价：15 元”。我们在许多商品的外包装上都会看见“建议零售价”的字眼，但是我们实际购买此商品的价格与“建议零售价”又存在差异，这是因为“建议零售价”（　　）

A. 不能及时反映市场供求关系的变化

B. 不能反映各企业间劳动生产率的差别，属于不正当竞争

C. 是人为确定的，不能体现商品的价值

D. 高于价值，违背了价值规律

【答案】 A

【解析】 一般商品的建议零售价与实际销售价格相近，但更多情况是实际价格远远低于建议零售价。这一特殊价格出现之初的本意是避免商家擅自抬高商品零售价格，用以维护产品的品牌形象，也能为消费者提供一个参照价格，它的制定属于一种提议性质的企业行为。而商品的实际价格是遵照商品的价格规律曲线的，即商品的价格由价值决定，受供求关系的影响。供大于求，价格往往低于价值；供小于求，价格往往高于价值。因此，选择A选项。

【拓展】 B项：建议零售价格虽然往往高于实际价格，是因为厂商给零售商留出让利空间，但不会过分高于实际价格，所以往往也能够体现企业的劳动生产率，并不属于不正当竞争。B项排除。

C项：商品的价格由商品的价值决定，而不是供求关系决定，供求关系影响价格。C项排除。

D项：价格不等于价值，并不违背价值规律。D项排除。

第二节　宏观经济

知识点一　财政与税收

考点梳理

一、财政

财政是一种以国家为主体的经济行为，是政府集中一部分国民收入用于满足公共需要的收支活动，以达到优化资源配置、公平分配及经济稳定和发展的目标。

1. 财政收入

（1）**税**：政府收入中最主要的部分。

（2）**利**：国家凭借国有资产所有权获得的利润、租金、股息、红利、资金使用费等收入的总称。

（3）**债**：政府对公众的债务，或公众对政府的债权，主要用来弥补财政赤字，到期必须还本付息。

（4）费：国家政府机关或事业单位在提供公共服务、实施行政管理或提供特定公共设施的使用时，向受益人收取一定费用的收入形式。

2. 财政支出

按照财政支出是否能直接得到等价的补偿进行分类，可分为购买性支出和转移性支出。

（1）购买性支出：政府对商品和劳务的购买，涉及各种项目，包括购买军需品、警察装备用品、政府机关办公用品、付给政府雇员的酬金、各种公共工程项目的支出等。

（2）转移性支出：政府的社会福利等支出，如卫生保健支出、收入保障支出、退伍军人福利、失业救济和各种补贴等方面的支出，它是一种不以购买本年的商品和劳务为目的而作的货币性支付。

二、税收

特征

（1）强制性

（2）无偿性

（3）固定性

华图点拨

我国第一大税种是增值税，它是我国税收体系中最重要的税种，也是重要的财政收入来源。增值税是对生产、加工、经营环节所增加的价值进行征税的一种税收方式。比如将咖啡豆经过烘焙加工成咖啡粉，产生的增值部分就会按照增值税率征收增值税。

试题演练

（单选题）为抗击新冠肺炎疫情，中央财政下拨 2000 亿元支持困难群众，满足其基本生活保障。该部分财政支出属于(　　)

A. 政府购买　　　　B. 投资支出

C. 消费支出　　　　D. 转移支付

【答案】 D

【解析】财政转移支付大都具有福利支出的性质，如社会保险福利津贴、抚恤金、养老金、失业补助、救济金以及各种补助费等；农产品价格补贴也是政府的转移支付。由于政府的转移支付实际上是把国家的财政收入还给个人，所以有的经济学家称之为负税收。通常在经济萧条时，总收入下降，失业增加，政府拨付的社会福利支出也必然增加。这样通过增强购买力，提高社会总体需求，从而抑制或缓解萧条。当经济中出现过度需求时，政府可以通过减少转移支付量，抑制总需求水平的升高。因此，选择D选项。

知识点二　通货膨胀与通货紧缩

考点梳理

（一）社会总供给和社会总需求

1. 社会总供给

一个国家在一定时期内（通常是一年），向社会提供的最终产品和劳务的总量。

2. 社会总需求

一个国家在一定时期内（通常是一年），社会有支付能力的购买力总和。

（二）通货膨胀与通货紧缩

	通货膨胀	通货紧缩
实质	社会总需求大于社会总供给	社会总需求小于社会总供给
原因	纸币的发行量超过流通中实际需要的货币量	纸币的发行量少于流通中实际需要的货币量
危害	直接引起物价上涨，纸币贬值，经济秩序混乱，生活水平下降，影响社会稳定	直接引起物价下跌，影响企业与投资的积极性，市场销售困难，影响经济的长远发展，失业率上升

华图点拨

一般来说，在发生通货膨胀时，靠固定工资生活的人生活水平会下降。

试题演练

（单选题）假如通货膨胀的初始原因是成本推动，如果没有（　　）的伴随，将会出现生产萎缩，失业增加，最终引起严重的经济萧条。

A. 供给减少　　B. 供给增长

C. 需求减少　　D. 需求增长

【答案】D

【解析】成本推动通货膨胀又称成本通货膨胀或供给通货膨胀，是指在没有超额需求的情况下由于供给方面成本的提高所引起的一般价格水平持续和显著的上涨。因此如果没有需求增长的伴随，将会出现生产萎缩，失业增加，最终引起严重的经济萧条。因此，选择D选项。

知识点三　宏观调控

考点梳理

一、概述

1. 原因：市场经济固有的缺陷（自发性、盲目性、滞后性）
2. 作用：优化资源配置
3. 目标：促进经济增长、增加就业、稳定物价、保持国际收支平衡
4. 手段：经济手段、法律手段、行政手段

二、财政政策和货币政策

1. 财政政策

（1）概念

一国政府通过对财政收入和支出总量的调节来影响总需求，使之与总供给相适应的经济政策。

（2）手段

税收	税率的提高会抑制投资需求，调节经济过热
财政投资	投资扩大可以刺激需求增长
财政补贴	财政转移的形式直接或间接地对农民、企业、职工和城镇居民实行财政补助
财政信用	主要指政府债券

2. 货币政策

（1）概念

货币政策是指政府（中央银行）通过改变货币供给量影响总需求从而影响总产出的政策。

（2）手段

利率	一定时期内利息量与本金的比率
再贴现率	商业银行将其贴现的未到期票据向中央银行申请再贴现时的预扣利率。 再贴现指中央银行通过买进商业银行持有的已贴现但尚未到期的商业汇票，向商业银行提供融资支持的行为
存款准备金率	中央银行要求的存款准备金占其存款总额的比例。经济过热，央行可通过提高存款准备金率抑制消费
公开市场业务	中央银行通过买进或卖出有价证券，吞吐基础货币，调节货币供应量

3. 财政政策和货币政策的运用

宏观政策	政策工具	通货膨胀（经济过热）	通货紧缩（经济萧条）
财政政策	税收	增加	减少
	支出	减少	增加
货币政策	存款准备金率	提高	降低
	再贴现率	提高	降低
	公开市场业务	出售	购进
	基准利率	提高	降低

华图点拨

货币政策的三大法宝：再贴现率、存款准备金率、公开市场业务。

试题演练

（单选题）下列选项中，不属于积极财政政策措施的是(　　)

A. 对小微企业减免增值税　　B. 向企业发放低利率贷款

C. 增加地方政府专项债规模　　D. 阶段性减免企业社会保险费

【答案】 B

【解析】 财政政策是指为促进就业水平提高，减轻经济波动，防止通货膨胀，实现稳定增长而对政府财政支出、税收和借债水平所进行的选择，或对政府财政收入和支出水平所作的决策。变动税收是指改变税率和税率结构。变动政府支出指改变政府对商品与劳务的购买支出以及转移支付等。积极财政政策主要措施有增加国债（包括地方债）、降低税率、减免税收、降低费用、提高政府购买和转移支付等。B 项，向企业发放低利率贷款属于积极的货币政策，不属于财政政策。货币政策是国家对货币的供应根据不同时期的经济发展情况而采取"紧"、"松"或"适度"等不同的政策趋向。因此，选择 B 选项。

【拓展】 A 项：对小微企业减免增值税属于政府控制财政收入，属于积极的财政政策。A 项排除。C 项：增加地方政府专项债规模，属于增加地方政府财政支出，属于积极的财政政策。C 项排除。D 项：减免企业社会保险费，可以增加企业资金支配力度，属于积极的财政政策。D 项排除。

第三节　经济常识

经济名词

考点梳理

一、国内生产总值（简称 GDP）

指一个国家（或地区）所有常住单位在一定时期内（通常为 1 年）生产的**最终产品**和**劳务价值**的总和。常被公认为衡量国家经济状况的最佳指标。即所有常住机构单位或产业部门一定时期内生产的可供最终使用的产品和劳务的价值。遵循属地原则：本国人在本国+外国人在本国。（中间产品是不计入 GDP 的。）

二、国民生产总值（GNP）

指一个国家（或地区）所有国民在一定时期内生产的最终产品和劳务价值的总和。遵循属人原则：本国人在本国+本国人在外国。

三、基尼系数

基尼系数是意大利经济学家基尼于 1922 年提出的，定量测定收入分配差异程

度。其值在0和1之间。越接近0就表明收入分配越是趋向平等，反之，收入分配越是趋向不平等。按照国际一般标准，**0.4（警戒线）**以上的基尼系数表示收入差距较大，当基尼系数达到0.6时，则表示收入悬殊。

四、恩格尔系数

恩格尔系数(Engel´sCoefficient）是**食品支出**总额占个人消费支出总额的比重。

一个国家或家庭生活越贫困，恩格尔系数就越大；反之，生活越富裕，恩格尔系数越小。

五、效用

消费者从商品的消费中得到的满足程度。

幸福=效用/欲望

边际效用，又称为边际效应，是指每新增（或减少）一个单位的商品或服务，它对商品或服务的收益增加（或减少）的效用。

经济学通常认为，随着商品或服务的量增加，边际效用将会逐步减少，称为边际效用递减规律。

六、CPI（消费者价格指数）

又称生活费用指数，指通过计算居民日常的社会用品和劳务（物：与居民有关的日常社会用品，如柴米油盐酱醋。劳务：以活劳动形式为他人提供某种特殊使用价值的劳动，饮食、理发、浴池、旅店、影院、剧院）的价格水平变动而得到的指数。

七、PPI（生产价格指数）

生产价格指数（PPI）是衡量工业企业产品出厂价格变动趋势和变动程度的指数，是反映某一时期生产领域价格变动情况的重要经济指标，也是制定有关经济政策和国民经济核算的重要依据。

八、沉没成本

指由于过去的决策已经发生了的，而不能由现在或将来的任何决策改变的成本。

九、机会成本

利用一定时间或资源生产一种商品时，失去了利用这些资源生产其他替代品的机会，就是机会成本。

华图点拨

边际效用递减规律的内容是指在一定时间内，在其他商品的消费数量保持不变的条件下，随着消费者对某种商品消费量的增加，消费者从该商品连续增加的每一消费单位中所得到的效用增量即边际效用是递减的。比如："入芝兰之室，久而不闻其香"蕴含的经济学知识是边际效用递减规律。

试题演练

（单选题）某健身房推出买半年赠半年的健身卡活动，但是前半年必须去健身房健身达到 50 次，很多人买了，坚持俩月后再也不去了，请问该健身房利用了哪个经济学原理(　　)

A. 机会平等　　B. 沉没成本

C. 固定成本　　D. 以上选项都不对

【答案】B

【解析】沉没成本是指以往发生的，但与当前决策无关的费用。人们在决定是否去做一件事情的时候，不仅是看这件事对自己有没有好处，而且也看过去是不是已经在这件事情上有过投入。经济学中把这些已经发生不可收回的支出，如时间、金钱、精力等称为"沉没成本"。题干中健身房推出买半年赠半年的健身卡活动，前半年必须去健身房健身达到 50 次，很多人买了，坚持俩月后再也不去了，商家利用赠送促销这种常见的手段让用户感觉办理会员很便宜，对冲掉了买半年健身卡的沉没成本，无形中让用户感觉到占了便宜，健身房便捆绑到了大量的会员。因此，选择 B 选项。

【拓展】A 项：机会平等是指在面对有利的时间情景中，每个人都有能力利用这种有利条件，并且在抓住这种条件的时候不存在先后和不受其他任何人为因素影响。A 项排除。C 项：固定成本，又称固定费用，相对于变动成本，是指成本总额在一定时期和一定业务量范围内，不受业务量增减变动影响而能保持不变的成本。如财产税、房屋租金、管理人员的工资等。C 项排除。D 项：干扰项，排除。

第三章 公文

第一节 公文的文种与分类

知识点一 公文种类

考点梳理

2012年4月16日，中共中央办公厅、国务院办公厅《党政机关公文处理工作条例》第八条，公文种类主要有：

（一）决议。适用于会议讨论通过的重大决策事项，如《中国共产党第十八次全国代表大会关于十七届中央委员会报告的决议》。

（二）决定。适用于对重要事项作出决策和部署、奖惩有关单位和人员、变更或者撤销下级机关不适当的决定事项，如《中共中央关于深化文化体制改革推动社会主义文化大发展大繁荣若干重大问题的决定》。

（三）命令（令）。适用于公布行政法规和规章、宣布施行重大强制性措施、批准授予和晋升衔级、嘉奖有关单位和人员，如财政部颁发命令公布《事业单位会计准则》。

（四）公报。适用于公布重要决定或者重大事项，如《中国共产党第十八届中央委员会第一次全体会议公报》。

（五）公告。适用于向国内外宣布重要事项或者法定事项，如我国在东海举行军事演习要向国内外发布公告。

（六）通告。适用于在一定范围内公布应当遵守或者周知的事项，如《××电力工业局关于使用定期借记业务结算方式的通告》。

（七）通知。适用于发布、传达要求下级机关执行和有关单位周知或者执行的事项，**批转、转发公文，**如《财政部、教育部关于切实加强义务教育经费管理的紧急通知》。

（八）通报。适用于表彰先进、批评错误、传达重要精神和告知重要情况，如

《广西壮族自治区人民政府关于柳州市壶东大桥特大交通事故的通报》。

（九）报告。适用于向上级机关汇报工作、反映情况，回复上级机关的询问，如《定远县 2014 年度依法行政工作报告》。

（十）请示。适用于向上级机关请求指示、批准，如《公安部关于将 12 月 2 日设立为“全国交通安全日”的请示》。

（十一）批复。适用于答复下级机关请示事项，如《国务院关于同意设立“全国交通安全日”的批复》。

（十二）议案。适用于各级人民政府按照法律程序向同级人民代表大会或者人民代表大会常务委员会提请审议事项，如《国务院关于提请审议〈中华人民共和国劳动法（草案）〉的议案》。

（十三）意见。适用于对重要问题提出见解和处理办法，如《教育部中央编办财政部人力资源社会保障部关于加强幼儿园教师队伍建设的意见》。

（十四）函。适用于不相隶属机关之间商洽工作、询问和答复问题、请求批准和答复审批事项，如《卫生部关于商请做好蜂胶产品监督管理工作的函》。

（十五）纪要。适用于记载会议主要情况和议定事项，如《关于落实省委领导同志批示保护省级文物“七级浮屠塔”问题的会议纪要》。

华图点拨

通知是所有公文中使用量最大的文种，有“公文之王”“公文中的轻骑兵”的美誉。

通知常分为：1. 发布性通知；2. 指示性通知；3. 知照性通知；4. 转发性通知等。

试题演练

（单选题）某县级领导向上反映该县的一些社会情况应选用公文种类（　　）

A. 公告　　B. 通报

C. 函　　D. 报告

【答案】 D

【解析】 根据《党政机关公文处理工作条例》第八条，（十）报告。适用于向上级机关汇报工作、反映情况，回复上级机关的询问。所以某县级领导向上反映该县的一些社会情况应该用报告。因此，选择 D 选项。

【拓展】A 项：根据《党政机关公文处理工作条例》第八条，(五) 公告。适用于向国内外宣布重要事项或者法定事项。其中包含两方面的内容：一是向国内外宣布重要事项，公布依据政策、法令采取的重大行动等；二是向国内外宣布法定事项，公布依据法律规定告知国内外的有关重要规定和重大行动等。A 项排除。

B 项：根据《党政机关公文处理工作条例》第八条，(九) 通报。适用于表彰先进、批评错误、传达重要精神和告知重要情况。B 项排除。

C 项：根据《党政机关公文处理工作条例》第八条，(十四) 函。适用于不相隶属机关之间商洽工作、询问和答复问题、请求批准和答复审批事项。C 项排除。

知识点二　公文分类

考点梳理

(一) 按照公文形成和作用的公务活动领域分类

通用公文；通用公文是各级各类机关、团体、单位都共同使用的公文，使用范围较为普遍。我们通常所说的公文，实际上是指通用公文。

专用公文：司法领域、军事领域、外交领域（国书）。

(二) 按照公文的行文方向分类

上行文，指向有隶属关系的上级领导、指导机关报送的公文；

平行文，是指向同一组织系统的同级机关或非同一组织系统的任何机关发送的公文；

下行文，向所属被领导、指导的下级机关发送的公文。

下行文	决议、决定、命令、公报、公告、通告、通知、通报、批复
上行文	报告、请示
平行文	函
行文方向不限	意见

(三) 按照是否由法律规定为党政机关的公文分类

法定公文	决定、决议、命令、公告、公报、通告、通报等 15 种
事务性公文	简报、海报、开幕词、闭幕词、倡议书、启事等

(四) 按照公文处理时限的要求分类

平件	是指可以按正常速度形成、运转和办理的公文。但常规公文也要及时办理

续表

加急	一般也是涉及重要工作需要急速形成、运转和办理的公文
特急	是指事关重大而又十分紧急，要求以最快的速度形成、运转和办理的公文

（五）根据内容涉及国家秘密的程度分类

秘密	是涉及国家一般秘密内容的文件，一旦泄露会使国家的安全和利益遭受一定的损害
机密	是涉及国家重要秘密内容的文件，一旦泄露会使国家的安全和利益遭受较大的损害
绝密	是指涉及国家核心秘密的内容的文件，一旦泄露会使国家的安全和利益遭受特别严重的损害

（六）按公文来源划分：可分为收文和发文

1. 收文是指本机关收到上级、下级及不相隶属机关单位所制发的文件。

2. 发文指本机关拟制并向外发送的文件。

（七）按照公文的内在属性分类（所谓公文的内在属性，也就是公文的性质和作用）

规范性公文指强制性推行的，用以规定行为规范的法规、规章等；这类公文的内容要求下级必须遵守。

领导指导性文件是指领导机关制发的用于颁布方针政策、法规规章，指导、布置工作，阐明领导指导原则的文件；这类又具体分为**指令性公文与指导性公文**。区分关键在于对下级约束力不同。

指令性公文：命令性的指导性公文，虽说是指导，但一般要求下级机关应当遵守。

指导性公文：可参照执行的公文。

知照性公文是指各级党政机关或企事业单位之间向一定范围通知事项、通报情况、联系工作、公布要求时所使用的公文。一般包括通知、通报、公报、公告、通告等。

公布性文件是指直接向国内外公开发布的文件。

商洽性文件是指探讨、协商一般事项的文件。

陈述呈请性/报请性公文指用于汇报工作，陈述情况，提出建议，请求指示或请求批准的文件；请示、报告、议案、调查报告等。

证明性文件是指对某组织或个人的使命、身份、经历或某事件提供证据和对有关各方面权利、义务、责任作出规定的文件。

华图点拨

规范性公文	规定、条例、章程、办法、细则等
指令性公文	命令、决定等
指导性公文	批复、意见等
知照性公文	通知、通报、公报等
公布性公文	公告、通告等
商洽性公文	函等
报请性公文	请示、报告等
记录性公文	纪要等

试题演练

（单选题）含有重要的国家秘密，泄露会使国家的安全与利益遭受严重损害的文件，属于(　　)

A. 秘密文件　　B. 绝密文件

C. 机密文件　　D. 保密文件

【答案】 C

【解析】 含有重要的国家秘密、泄露会使国家的安全与利益遭受到严重损害的文件属于机密文件。机密文件是指标有“机密”密级的文件、简报、讲话材料，各种资料、报表、刊物，以文字、符号、图形、声、像等形式含有国家重要秘密、泄露会使国家的安全和利益遭受严重的损害的载体。因此，选择C选项。

【拓展】 A项：含有一般的国家秘密，泄露会使国家的安全和利益遭受损害的文件属于秘密文件。秘密文件是指标有“秘密”密级的文件、简报、讲话材料，各种资料、报表、刊物，以文字、符号、图形、声、像等形式含有国家的一般秘密、泄露会使国家的安全和利益遭受损害的载体。A项与题意不符，不当选。

B项：“绝密”是最重要的国家秘密，泄密会使国家的安全和利益遭受特别严重的损害。B项与题意不符，不当选。

D项：根据《党政机关公文处理工作条例》第九条第二项，涉密公文应当根据涉密程度分别标注“绝密”“机密”“秘密”和保密期限。D项与题意不符，不当选。

第二节　公文的格式

知识点　公文格式

考点梳理

《党政机关公文格式》将版心内的公文格式各要素划分为版头、主体、版记三部分。公文首页红色分隔线以上的部分称为版头；公文首页红色分隔线（不含）以下、公文末页首条分隔线（不含）以上的部分称为主体；公文末页首条分隔线以下、末条分隔线以上的部分称为版记。页码位于版心外。

公文一般由份号、密级和保密期限、紧急程度、发文机关标志、发文字号、签发人、标题、主送机关、正文、附件说明、发文机关署名、成文日期、印章、附注、附件、抄送机关、印发机关和印发日期、页码等组成。

一、版头部分

置于公文首页红色反线（党的机关公文在红色反线正中嵌一颗五角星）以上的各要素统称为版头。

份号	公文份数序号是将同一文稿印制若干份时每份公文的顺序编号。如需标识公文份数序号，用阿拉伯数码顶格标识在版心左上角第1行。公文份数序号的主要作用是便于公文的分发、清退和查找。**一般情况下只适用于绝密、机密公文或需要清退的公文**。如需标注份号，一般用**6位3号阿拉伯数字**，**顶格编排**在版心**左上角第一行**
密级和保密期限	公文的秘密等级和保密的期限。**涉密公文**应当根据涉密程度分别**标注“绝密”、“机密”、“秘密”和保密期限**
	如需标注密级和保密期限，一般用3号黑体字，**顶格编排**在版心**左上角第二行**；保密期限中的**数字用阿拉伯数字**标注。秘密等级和保密期限之间**用“★”隔开**
紧急程度	公文送达和办理的时限要求。根据紧急程度，**紧急公文**应当分别标注**“特急”“加急”**，**电报**应当分别标注**“特提”“特急”“加急”“平急”**
	如需标注紧急程度，一般用3号黑体字，**顶格编排**在版心**左上角**；如需同时标注份号、密级和保密期限、紧急程度，按照**份号、密级和保密期限、紧急程度**的顺序**自上而下分行排列**

续表

发文机关标志	由**发文机关全称或者规范化简称加"文件"二字组成**，也可以使用发文机关全称或者规范化简称。联合行文时，发文机关标志可以并用联合发文机关名称，也可以单独用主办机关名称
	发文机关标志居中排布，上边缘至版心上边缘为35mm，推荐使用小标宋体字，颜色为红色，以醒目、美观、庄重为原则。联合行文时，如需同时标注联署发文机关名称，一般应当将主办机关名称排列在前；如有"文件"二字，应当置于发文机关名称右侧，以联署发文机关名称为准上下居中排布
发文字号	由**发文机关代字、年份、发文顺序号**组成。联合行文时，使用主办机关的发文字号
	编排在发文机关标志下**空二行**位置，居中排布。年份、发文顺序号用阿拉伯数字标注；**年份应标全称**，用**六角括号**"〔〕"括入；发文顺序号**不加"第"**字，**不编虚位**（即1不编为01），在阿拉伯数字后**加"号"**字。上行文的发文字号居左空一字编排，与最后一个签发人姓名处在同一行
签发人	**上行文应当标注签发人姓名**
	由"**签发人"三字**加**全角冒号**和**签发人姓名**组成，居右空一字，编排在发文机关标志下空二行位置。"签发人"三字用3号仿宋体字，签发人姓名用3号楷体字。如有多个签发人，签发人姓名按照发文机关的排列顺序**从左到右、自上而下**依次均匀编排，一般**每行排两**个姓名，回行时与上一行第一个签发人姓名对齐
分隔线	发文字号之下4mm处居中印一条与版心等宽的红色分隔线

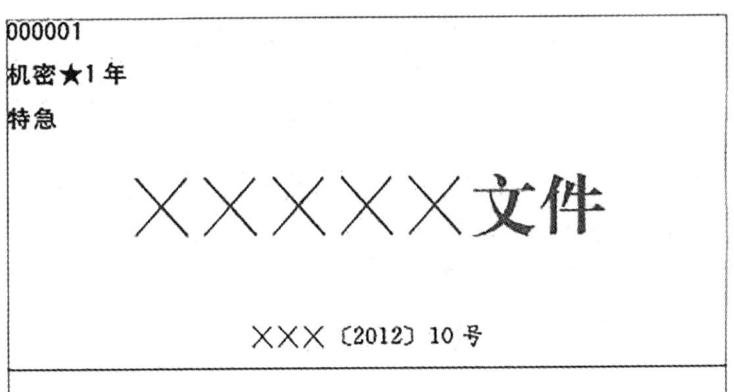

000001
机密★1年
特急

××××××
× × × 文件
××××××

×××〔2012〕10号

000001
机 密
特 急

××××××
× × ×
××××××

签发人：××× ×××
×××〔2012〕10号 ×××

二、主体部分

<table>
<tr><td rowspan="2">标题</td><td>由发文机关名称、事由和文种组成。在发文机关、事由、文种三个要素中“文种”不可省略，在特殊情况下“发文机关”和“事由”可以省略。
一是省略“发文机关”，多见于上行文，其他因版头印有发文机关而省略此项的情况也很常见。
二是省略“事由”，在命令、公告、通告等文种中较为常见。
三是省略“发文机关”和“事由”，在公告、通告等公布性文件以及内容单一的知照性通知经常这样处理。
15 种行政机关公文中大多数标题可以省略其中的一项或两项，但议案、决定两个文种的标题不能省略。标题末不加标点；标题中一般不使用标点，标题中出现法规、规章名称可以使用书名号《》。“事由”前面一般加“关于”二字，表示涉及的范围或事务。标题的文字应当高度浓缩，准确表达公文的内容</td></tr>
<tr><td>一般用 2 号小标宋体字，编排于红色分隔线下空二行位置，分一行或多行居中排布；回行时，要做到词意完整，排列对称，长短适宜，间距恰当，标题排列应当使用梯形或菱形</td></tr>
<tr><td rowspan="2">主送机关</td><td>主送机关又称抬头、上款，指对公文负有主办或答复责任的机关。应当使用机关全称、规范化简称或者同类型机关统称</td></tr>
<tr><td>编排于标题下空一行位置，居左顶格，回行时仍顶格，最后一个机关名称后标全角冒号。如主送机关名称过多导致公文首页不能显示正文时，应当将主送机关名称移至版记</td></tr>
<tr><td rowspan="2">正文</td><td>公文的主体，用来表述公文的内容。公文首页必须显示正文</td></tr>
<tr><td>公文首页必须显示正文。一般用3 号仿宋体字，编排于主送机关名称下一行，每个自然段左空二字，回行顶格。文中结构层次序数依次可以用“一、”“（一）”“1.”“（1）”标注；一般第一层用黑体字、第二层用楷体字、第三层和第四层用仿宋体字标注</td></tr>
<tr><td rowspan="2">附件说明</td><td>附件是指附属于公文正文的其他公文、图表、名单等材料。附件是公文的重要组成部分，与正文具有同等效力</td></tr>
<tr><td>如有附件，在正文下空一行左空二字编排“附件”二字，后标全角冒号和附件名称。如有多个附件，使用阿拉伯数字标注附件顺序号（如“附件：1. ×××××”）；附件名称后不加标点符号。附件名称较长需回行时，应当与上一行附件名称的首字对齐</td></tr>
</table>

续表

<table>
<tr><td rowspan="3">发文机关署名
成文日期
印章</td><td>署发文机关全称或者规范化简称</td></tr>
<tr><td>署会议通过或者发文机关负责人签发的日期。联合行文时，署最后签发机关负责人签发的日期</td></tr>
<tr><td>公文中有发文机关署名的，应当加盖发文机关印章，并与署名机关相符。有特定发文机关标志的普发性公文和电报可以不加盖印章</td></tr>
<tr><td colspan="2">成文日期一般右空四字编排，印章用红色，不得出现空白印章。
单一机关行文时，一般在成文日期之上、以成文日期为准居中编排发文机关署名，印章端正、居中下压发文机关署名和成文日期，使发文机关署名和成文日期居印章中心偏下位置，印章顶端应当上距正文（或附件说明）一行之内。
联合行文时，一般将各发文机关署名按照发文机关顺序整齐排列在相应位置，并将印章一一对应、端正、居中下压发文机关署名，最后一个印章端正、居中下压发文机关署名和成文日期，印章之间排列整齐、互不相交或相切，每排印章两端不得超出版心，首排印章顶端应当上距正文（或附件说明）一行之内</td></tr>
<tr><td rowspan="2">附注</td><td>附注用以说明公文的阅读范围、使用注意事项、请示和上行的意见的联系人和电话等。正文中的名词术语的解释一般采用句内括号或句外括注的办法解决，不作为附注</td></tr>
<tr><td>如有附注，居左空二字加圆括号编排在成文日期下一行</td></tr>
<tr><td rowspan="2">附件</td><td>公文正文的说明、补充或者参考资料</td></tr>
<tr><td>附件应当另面编排，并在版记之前，与公文正文一起装订。“附件”二字及附件顺序号用 3 号黑体字顶格编排在版心左上角第一行。附件标题居中编排在版心第三行。附件顺序号和附件标题应当与附件说明的表述一致。附件格式要求同正文。如附件与正文不能一起装订，应当在附件左上角第一行顶格编排公文的发文字号并在其后标注“附件”二字及附件顺序号</td></tr>
</table>

XXXXX关于XXXXXX的通知

XXXXXXXX：

XXXXXXXXXXXXXXXXXXXXXXXXXXXXXXXXXXXXXXXXXXXXXXXXXXXXXXXXXXXXXXXXXXXXXXXXXXXXXXXXXXXXXXXX。

XXXXXXXXXXXXXXXXXXXXXXXXXXXXXXXXXXXXXXX。

××××××××××××××××××××××××××
××××××××××××××××××××××××××
×××××××××××。

2012年7月1日

（×××××）

××××××××××××××.

××××××××××××××××××××××××
××××××××××××××××××××××××
××××××××××××.

附件：1. ××××××××××××××××××××
×××××

2. ×××××××××××××

×××××××
× × × ×
2012年7月1日

（×××××）

××××××××××××××.

××××××××××××××××××××××××××
××××××××××××××××××××××××××
××××××××××。

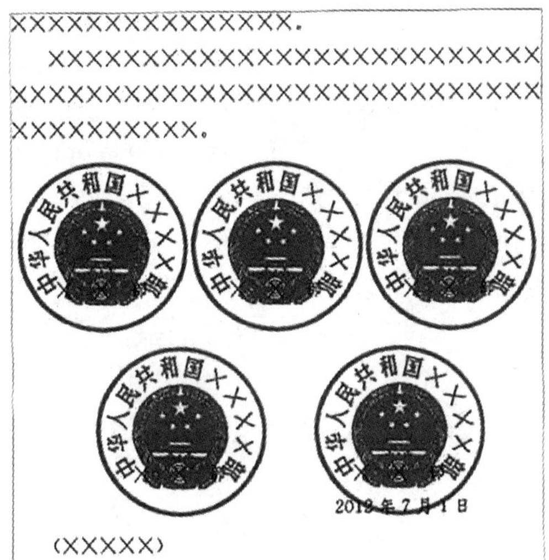

2012年7月1日

（×××××）

三、版记部分

分隔线	版记中的分隔线与版心等宽，首条分隔线和末条分隔线用粗线（推荐高度为0.35mm），中间的分隔线用细线（推荐高度为0.25mm）。首条分隔线位于版记中第一个要素之上，末条分隔线与公文最后一面的版心下边缘重合

续表

抄送机关	除主送机关外需要执行或者知晓公文内容的其他机关，应当使用**机关全称、规范化简称或者同类型机关统称**
	如有抄送机关，一般用 4 号仿宋体字，在印发机关和印发日期之上一行、左右各空一字编排。**“抄送”**二字后加**全角冒号**和抄送机关名称，回行时与冒号后的首字对齐，最后一个抄送机关名称后标**句号**。 如需把主送机关移至版记，除将“抄送”二字改为“主送”外，编排方法同抄送机关。既有主送机关又有抄送机关时，应当将主送机关置于抄送机关之上一行，之间不加分隔线
印发机关 印发日期	公文的送印机关和送印日期
	印发机关和印发日期一般用 4 号仿宋体字，编排在末条分隔线之上，印发机关左空一字，印发日期右空一字，用阿拉伯数字将年、月、日标全，年份应标全称，月、日不编虚位（即 1 不编为 01），后加“印发”二字

四、页码

页码	公文页数顺序号
	一般用 4 号半角宋体阿拉伯数字，编排在公文版心下边缘之下，数字左右各放一条一字线；一字线上距版心下边缘 7mm。单页码居右空一字，双页码居左空一字。公文的版记页前有空白页的，空白页和版记页均不编排页码。公文的附件与正文一起装订时，页码应当连续编排

华图点拨

公文版头又称文头、眉首，因是用红色套印，故又称“红头文件”。

试题演练

（单选题）S 省财政厅、科技厅联合印发通知，发布执行《S 省重点研发计划资金管理办法》。该文件 2021 年 11 月 5 日由财政厅负责人签字，11 月 6 日科技厅负责人签字，11 月 7 日印制发出，11 月 8 日在官网公布。关于该通知的成文日期，下列选项中正确的是(　　)

A. 2021 年 11 月 5 日　　B. 2021 年 11 月 6 日

C. 2021 年 11 月 7 日　　D. 2021 年 11 月 8 日

【答案】B

【**解析**】根据2012年版《党政机关公文处理工作条例》第九条第十二款，成文日期。署会议通过或者发文机关负责人签发的日期。联合行文时，署最后签发机关负责人签发的日期。所以该通知的成文日期为2021年11月6日。因此，选择B选项。

第四章　管理

管理概述

知识点一　管理理论的发展

考点梳理

管理的含义

理论流派	学者	理论成果（人物成就）	理论内容（主要观点）
古典管理理论	泰勒	科学管理之父	“科学管理”：核心目的就是**提高工厂的工作效率**
	法约尔	经营管理之父	“一般管理”：非常重视管理原则的系统化，重点在于**分析高层管理效率**和一般管理原则
	韦伯	组织管理之父	行政组织理论：拥有适合的权利基础的行政组织体系是理想的行政组织模式
人际关系理论	梅奥	人本原理 “霍桑实验”	1. 工人是“社会人”而不是“经济人” 2. 企业中存在着“非正式组织” 3. 新型的领导能力在提高工人满意度
行为科学学派	马斯洛	需要层次理论	人的基本需要可以归纳为由低到高的五个层次：生理需要、安全需要、社交需要、尊重需要和自我实现需要
	赫茨伯格	双因素理论	引起人们工作动机的因素主要有两个：激励因素和保健因素。只有激励因素才能给人们带来满意感，而保健因素只能消除人们的不满

续表

理论流派	学者	理论成果（人物成就）	理论内容（主要观点）
行为科学学派	亚当斯	公平理论	该理论是研究人的动机和知觉关系的一种激励理论，认为员工的激励程度来源于对自己和参照对象的报酬和投入的比例的主观比较感觉
	弗洛姆	期望理论	人们在工作中的积极性或努力程度（激励力量）是效价和期望值的乘积，即：激励力量（M）＝效价（V）×期望值（E）
	斯金纳	强化理论	1. 正强化：奖励那些符合组织目标的行为 2. 负强化：惩罚那些与组织目标不一致的行为
决策理论学派	西蒙	决策理论	1. 决策是一个过程 2. 决策以满意为原则 3. 决策分为程序化和非程序化决策
当代管理理论	德鲁克	目标管理理论	目标管理是一种通过使组织成员亲自参加工作目标的制定来实现“自我控制”，并努力完成工作目标的管理制度 步骤：制度目标—实施目标—评价目标

管理是指在特定的环境条件下，以人为中心对组织所拥有的人力、物力、财力、信息等资源进行有效的计划、组织、领导、控制，以期高效地达到既定组织目标的过程。

华图点拨

弗洛姆的期望理论：一个人对目标的把握越大，估计达到目标的概率越高，激发起的动力越强烈，积极性也就越大，在领导与管理工作中，运用期望理论调动下属的积极性是有一定意义的。

试题演练

（单选题）美国“科学管理之父”泰勒提出的科学管理理论，奠定了现代管理理论的基础，对现代管理理论产生了巨大的影响。他认为科学管理的中心问题是(　　)

A. 获取最大限度的利润　　　B. 提高劳动生产率

C. 提高管理水平　　　　　　　　D. 提升工作积极性

【答案】B

【解析】弗雷德里克·温斯洛·泰勒，美国著名管理学家，经济学家，被后世称为“科学管理之父”，其代表作为《科学管理原理》。泰勒认为科学管理的核心问题是提高劳动生产效率（这是整个管理学理论开展的基础和中心；科学管理的基本思想）。因此，选择B选项。

知识点二　管理中的原理和定律

考点梳理

（一）人本原理

美国管理大师，人际管理理论创始人，乔治·埃尔顿·梅奥首先提出了以人为本的管理思想。

所谓人本原理就是在管理中坚持以人为本，注重发挥被管理者的积极性、主动性，使被管理者在工作中充分发挥自己的潜能，创造性地完成工作任务。人本原理的前提是：人不是单纯的“经济人”，而是具有多种需要的复杂的“社会人”。这个重要的人本主义管理思想核心的提出源自著名的霍桑实验。

（二）牢骚效应

凡是公司中有对工作发牢骚的人，那家公司或老板一定比没有这种人或有这种人而把牢骚埋在肚子里的公司要成功得多。点评：（1）牢骚是改变不合理现状的催化剂。（2）牢骚虽不总是正确的，但认真对待牢骚却总是正确的。

（三）权变原理

“权变”一词的意思就是“依具体情况而定”。权变理论主要研究管理情境因素对管理效力的潜在影响。该理论认为，在不同的情境中，不同的管理行为有不同的效果，所以又被称为管理情境理论。

（四）彼得原理

彼得原理的具体内容是：“在一个等级制度中，每个职工趋向于上升到他所不能胜任的地位”。彼得指出，每一个职工由于在原有职位上工作成绩表现好（胜任），就将被提升到更高一级职位；其后，如果继续胜任则将进一步被提升，直至到达他所不能胜任的职位。由此导出的彼得推论是：“每一个职位最终都将被一个

不能胜任其工作的职工所占据。层级组织的工作任务多半是由尚未达到不胜任阶层的员工完成的。”每一个职工最终都将达到彼得高地，在该处他的提升商数（PQ）为零。至于如何加速提升到这个高地，有两种方法。其一，是上面的“拉动”，即依靠裙带关系和熟人等从上面拉；其二，是自我的“推动”，即自我训练和进步等，而前者是被普遍采用的。

（五）海恩法则

海恩法则是德国飞机涡轮机的发明者德国人帕布斯·海恩提出的一个在航空界关于飞行安全的法则。海恩法则指出：每一起严重事故的背后，必然有 29 次轻微事故和 300 起未遂先兆以及 1000 起事故隐患。法则强调两点：一是事故的发生是量的积累的结果；二是再好的技术，再完美的规章，在实际操作层面，也无法取代人自身的素质和责任心。

（六）墨菲定律

爱德华·墨菲是美国爱德华兹空军基地的上尉工程师。1949 年，他和他的上司斯塔普少校参加美国空军进行的 MX981 火箭减速超重实验。这个实验的目的是测定人类对加速度的承受极限。其中有一个实验项目是将 16 个火箭加速度计悬空装置在受试者上方，当时有两种方法可以将加速度计固定在支架上，而不可思议的是，竟然有人有条不紊地将 16 个加速度计全部装在错误的位置。于是墨菲作出了这一著名的论断，如果做某项工作有多种方法，而其中有一种方法将导致事故，那么一定有人会按这种方法去做。

墨菲定律根本内容是：如果事情有变坏的可能，不管这种可能性有多小，它总会发生。

（七）手表定律

手表定律是指一个人有一块表时，可以知道现在是几点钟，而当他同时拥有两块时却无法确定。两块表并不能告诉一个人更准确的时间，反而会使看表的人失去对准确时间的信心。

手表定律在企业管理方面给予我们一种非常直观的启发，就是对同一个人或同一个组织不能同时采用两种不同的方法，不能同时设置两个不同的目标，甚至每一个人不能由两个人来同时指挥，否则将使这个企业或者个人无所适从。

（八）破窗理论

一个房子如果窗户破了，没有人去修补，隔不久，其他的窗户也会莫名其妙地被人打破；一面墙，如果出现一些涂鸦没有被清洗掉，很快地，墙上就布满了乱七八糟、不堪入目的东西；一个很干净的地方，人们不好意思丢垃圾，但是一旦地上有垃圾出现之后，人就会毫不犹豫地随便扔垃圾，丝毫不觉得羞愧。

（九）鳄鱼法则

其原意是假定一只鳄鱼咬住你的脚，如果你用手去试图挣脱你的脚，鳄鱼便会同时咬住你的脚与手。你愈挣扎，就被咬住得越多。所以，万一鳄鱼咬住你的脚，你唯一的办法就是牺牲一只脚。比如在股市中，鳄鱼法则就是：当你发现自己的交易背离了市场的方向，必须立即止损，不得有任何延误，不得存有任何侥幸。

（十）羊群效应

羊群是一种很散乱的组织，平时在一起也是盲目地左冲右撞，但一旦有一只头羊行动起来，其他的羊也会不假思索地一哄而上，全然不顾前面可能有狼或者不远处有更好的草。因此，“羊群效应”就是比喻人都有一种从众心理，从众心理很容易导致盲从，而盲从往往会陷入骗局或遭到失败。

（十一）晕轮效应

晕轮原指月亮被光环笼罩时产生的模糊不清的现象。晕轮效应是一种普遍存在的心理现象，即对一个人进行评价时，往往会因对他的某一品质特征的强烈、清晰的感知，而掩盖了他其他方面的品质。**又叫“光环效应”。**

（十二）皮格马利翁效应

皮格马利翁效应又称“期待效应”“毕马龙效应”“比马龙效应”。指的是：对一个人传递积极的期望，就会使他进步得更快，发展得更好。反之，向一个人传递消极的期望则会使他自暴自弃，放弃努力。人们通常用此效应来形象地说明皮格马利翁效应：“说你行，你就行；说你不行，你就不行。”

积极的期望促使人们向好的方向发展，消极的期望则使人向坏的方向发展。要想使一个人发展得更好，就应该给他传递积极的期望。任用别人，就应该相信别人的能力，给别人传达一种积极的期望。古人说“用人不疑”，也就是这个道理。

（十三）马太效应

指强者愈强、弱者愈弱的现象，反映的社会现象是两极分化，富的更富，穷的更穷。

华图点拨

注意区分晕轮效应与投射效应，投射效应是指将自己的特点归因到其他人身上的倾向。人在认知和对他人形成印象时，以为他人也具备与自己相似的特性的现象，把自己的感情、意志、特性投射到他人身上并强加于人，即推己及人的认知障碍，比如自己比较小气，往往认为他人也比较小气。

试题演练

（单选题）小李见别人买了减肥药，看到被采访者都成功了，他觉得这个减肥药很好，自己也很心动，结果买了以后没有任何效果，假设被采访者说的都是实话，那么小李的经历警惕我们要注意（　　）

A. 棘轮效应　　B. 旁观者效应

C. 幸存者偏差　　D. 侥幸心理

【答案】C

【解析】幸存者偏差，另译为生存者偏差或存活者偏差，是一种常见的逻辑谬误，“谬误”而不是“偏差”，指的是只能看到经过某种筛选而产生的结果，而没有意识到筛选的过程，因此忽略了被筛选掉的关键信息。涉及幸存者偏差的有“沉默的数据”“死人不会说话”等日常表达。意思是指，当取得资讯的渠道，仅来自于幸存者时，因为死人不会说话，此资讯可能会存在与实际情况不同的偏差。即采访者是幸存者，而小李只看到经过某种筛选而产生的结果。因此，选择C选项。

【拓展】A项：棘轮效应，指人的消费习惯形成之后有不可逆性，即易于向上调整，而难于向下调整。尤其是在短期内消费是不可逆的，其习惯效应较大。这种习惯效应使消费取决于相对收入，即相对于自己过去的高峰收入，消费者易于随收入的提高增加消费，但不易于随收入降低而减少消费，以致产生有正截距的短期消费函数，这种特点被称为棘轮效应。不符合题意。A项排除。

B项：旁观者效应，指在紧急情况下，现场旁观者数量越多，他们当中任何一人援助的可能性就越低，形成一种“路人冷漠”的现象，又名责任分散效应。旁观者效应不能仅仅说是众人的冷酷无情，或道德日益沦丧的表现，因为在不同的场合，人们的援助行为确实是不同的。不符合题意。B项排除。

D项：侥幸心理，就是无视事物本身的性质，违背事物发展的本质规律，违反那些为了维护事物发展而制定的规则，想根据自己的需要或者好恶来行事就能使事物按照自己的愿望发展，直至取得自己希望的结果。不符合题意。D项排除。

第五章 历史人文

夏商与西周，东周分两段；
春秋和战国，一统秦两汉；
三分魏蜀吴，两晋前后延；
南北朝并立，隋唐五代传；
宋元明清后，皇朝至此完。

第一节 中国古代历史人文

知识点一 先秦

考点梳理

一、早期人类

祖国境内的远古居民（原始人群时期）

元谋人	发现于云南，距今约有170万年；我国境内目前已确定的最早人类
蓝田人	发现于陕西蓝田，距今约80万年
北京人	大约距今70万年至20万年，制造和使用工具，使用天然火，群居
山顶洞人	距今3万年，他们会打制石器，还学会了磨光技术、钻孔、人工取火，进入氏族社会

二、夏商周

（一）夏（约公元前21世纪—前16世纪）（奴隶社会）

禹死后，其子启继承了王位，从此王位世袭制代替了禅让制。

1. 约公元前2070年，禹建立了我国历史上第一个奴隶制国家——夏朝，定都

阳城。

2. 夏代都城：二里头遗址位于河南洛阳偃师二里头村，二里头遗址被认为是夏的都城。另外，二里头遗址发现了大型绿松石龙形器，被命名为“中国龙”。

3. 夏朝开始有了历法——**夏历，夏历是按月亮的运行周期制订的，又叫阴历**。由于历法中有节气变化和农事安排，所以又称农历。

（二）商（公元前 1600 年—前 1046 年）

约公元前 1600 年，商汤灭夏，建立商朝，建都在亳（今商丘）。约公元前 1300 年，商王盘庚把都城迁到殷。此后，后代又把商朝称为殷。

1. **青铜器**：商朝后期制造的后母戊鼎，是我国迄今考古发现的最大的青铜器。

2. 商朝的文字，刻写在龟甲和兽骨上，称为“甲骨文”。我国有文字可考的历史，就是从商朝开始的，我们今天的汉字就是从甲骨文发展来的。

甲骨文之父——王懿荣

（三）西周（约公元前 11 世纪—前 771 年）

公元前 1046 年，武王伐纣，牧野之战（以少胜多）击败商军，商亡。周武王建立周朝，都城在镐（今西安），历史上称为西周。

1. 西周实行分封制和宗法制。

分封：天子—诸侯—卿大夫—士

宗法：嫡长子继承制

2. 国人暴动：周厉王残暴不仁，国都的平民和少量奴隶无法忍受，奋起反抗，史称“国人暴动”，周厉王出逃，于是出现了“共和行政”。共和元年（公元前 841 年）是我国历史有确切纪年的开始。

3. 灭亡：周幽王“烽火戏诸侯”。公元前 771 年犬戎攻入镐京，西周灭亡。周平王东迁洛邑建立东周。

（四）东周（公元前 770—前 221 年）（奴隶制瓦解、封建制建立）

公元前 770 年，周平王弃镐京迁都洛邑（今河南洛阳），从这一年到公元前 221 年秦统一六国，这一时期为东周时期。东周分为春秋（公元前 770—前 476 年）和战国（公元前 475—前 221 年）两个时期。其分水岭是在公元前 453 年，韩、赵、魏三家灭掉智氏，瓜分晋国为标志。

春秋（前 770—前 476）

1. 政治：“春秋五霸”：春秋时代先后称霸的五个诸侯。

一说，齐桓公（老马识途）、晋文公（退避三舍）、楚庄王（一鸣惊人、问鼎中原）、宋襄公和秦穆公。

二说，齐桓公、晋文公、楚庄王、吴王阖闾、越王勾践。

管仲辅佐齐桓公，改革政治，发展生产，打着“尊王攘夷”的旗号，使其“九合诸侯，一匡天下”，成为春秋时期第一个霸主。

2. 重要战争

战争	交战双方及人物	备注
桂陵之战	齐（孙膑、田忌）；魏（庞涓）	围魏救赵
马陵之战	齐（孙膑、田忌）；魏（庞涓）	增兵减灶
长平之战	秦国（白起）；赵国（廉颇、赵括）	纸上谈兵

战国（前475—前221）

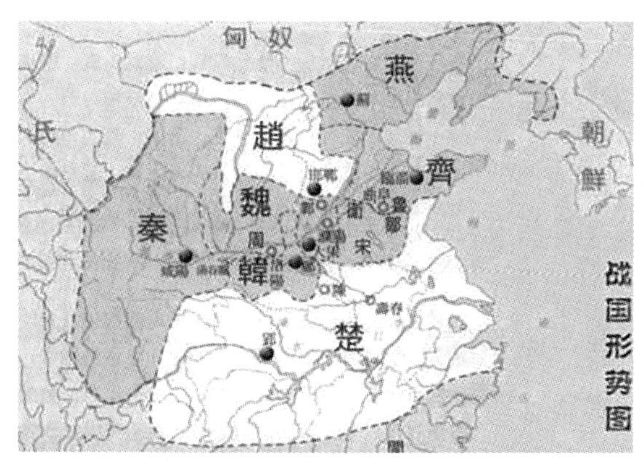

1. 战国七雄：齐、楚、秦、燕、赵、魏、韩

战国灭亡顺序：韩（宛，今南阳）、赵（邯郸，河北）、魏（大梁，开封）、楚（郢，湖北江陵）、燕（蓟，北京）、齐（临淄，淄博）

2. 战国时期各国的变法

（1）魏国李悝改革：《法经》，第一部比较有系统的地主阶级法典。

（2）秦国商鞅变法：公元前356年，秦孝公任用商鞅实行变法，使秦迅速成为战国后期最富强的封建国家。相关典故：徙木立信、作法自毙等。

经济上——废除井田制，实行土地私有；实行重农抑商政策；统一度量衡。

政治上——编制户籍，连坐；推行郡县制。

军事上——奖励军功。

战国时期著名的变法运动还有：李悝在魏国变法、吴起在楚国变法、申不害在韩国变法。

3. 经济：金属货币流行，春秋后期，已经有铸造的铜币出现。

4. 水利：

秦国时期修筑都江堰：李冰父子；

郑国渠：韩国水工郑国；

吴国邗沟（我国最早的一条运河）。

三、先秦科技思想

1. 科技：战国时期发明“司南”，世界最早的指南工具。

战国时期甘德、石申二人测定的恒星记录《甘石星经》，世界最早。

《黄帝内经》，记载了我国最早的人体解剖知识。

2. 百家争鸣

学派	代表人物	时代	著作	观点
儒家	孔子	春秋	编纂《春秋》现存最早编年体史书修订“五经”	有教无类。其弟子作《论语》，记叙其言行
	孟子	战国	《孟子》（语录体散文集）	性善论，“仁政”，民贵君轻。 穷则独善其身，达则兼济天下
	荀子	战国	《荀子》首篇为《劝学》	主张礼法并用、性恶论 “水则载舟，水则覆舟” “天行有常，不以尧存，不以桀亡。” “制天命而用之” “乱则国危，治则国安”
道家	老子	春秋	《老子》，又称《道德经》	“无为而治”“上善若水”“柔弱胜刚强”“祸兮福之所倚，福兮祸之所伏”“道生一，一生二，二生三，三生万物”
	庄子	战国	《庄子》，又称《南华经》	“天人合一”“清静无为”“庖丁解牛”“庄周梦蝶”“鹏程万里”《齐物论》《逍遥游》 名句：吾生也有涯，而知也无涯，以有涯随无涯，殆已；已而为知者，殆而已矣

续表

学派	代表人物	时代	著作	观点
法家	商鞅 韩非 （法术势）	战国	《商君书》 《韩非子》	以法治国。经济上主张废井田，重农抑商、奖励耕战；政治上主张废分封，设郡县，实行君主专制。不法古、不循今
墨家	墨子	战国	《墨子》	兼爱、非攻、尚贤、节用 “兼相爱，交相利” “凡入国，必择务而从事焉。国家昏乱，则语之尚贤、尚同……”
兵家	1. 孙武 2. 孙膑	春秋战国	1. 《孙子兵法》 2. 《孙膑兵法》	《孙子兵法》：世界上最早最著名的兵书

3. 儒家经典

（1）四书：大学、中庸、论语、孟子；南宋朱熹《四书集注》，“四书”之名始立。

《论语》：孔子弟子及其再传弟子编撰而成，记录了孔子及其弟子言行。

（2）五经：《诗经》《尚书》《礼记》《周易》《春秋》

《诗经》：又称诗三百，是我国最早的一部诗歌总集。

华图点拨

文字演变历程：甲骨金文大小篆，隶草楷行一大串。

甲骨文—金文—大篆—小篆（秦）—隶书（汉代）—草书—楷书—行书(魏晋)

草书和楷书都是从隶书演变而来，以草法写楷书就演变成行书。

试题演练

（单选题）下列典故与人物对应正确的是(　　)

A. 老马识途：齐桓公　　B. 闻鸡起舞：孟尝君

C. 卧薪尝胆：秦穆公　　D. 图穷匕见：楚庄王

【答案】 A

【解析】 老马识途，意思是指老马认识路，比喻有经验的人对事情比较熟悉。

出自《韩非子·说林上》："管仲、隰朋从于桓公伐孤竹，春往冬返，迷惑失道。管仲曰：'老马之智可用也。'乃放老马而随之。遂得道。"因此，选择A选项。

【拓展】B项：闻鸡起舞，原意为听到鸡叫就起来舞剑，后比喻有志报国的人及时奋起，典出自《晋书·祖逖传》。传说东晋时期将领祖逖年轻时就很有抱负，每次和好友刘琨谈论时局，总是慷慨激昂，满怀义愤，为了报效国家，他们在半夜一听到鸡鸣，就披衣起床，拔剑练武，刻苦锻炼。鸡鸣狗盗，出自于《史记·孟尝君列传》。该成语原意指学鸡鸣叫以骗人，装成狗的样子盗窃，后来比喻低贱卑下的技能或行为，亦指具有这种技能或行为的人。B项排除。

C项：卧薪尝胆，原意指越王勾践战败后以柴草卧铺，并经常舔尝苦胆，以时时警惕自己不忘所受的苦难的故事，后形容人刻苦自励，发愤图强；在句中作谓语、定语、状语，含褒义。秦穆公有关成语：羊皮换贤、问贤伯乐、穆公亡马等。C项排除。

D项：图穷匕见，指战国时荆轲欲刺秦始皇，藏匕首于地图中，地图打开至尽头时，露出匕首。典出《战国策·燕策三》。后用图穷匕见比喻事情发展到最后，形迹败露，现出真相。楚庄王有关的成语：一鸣惊人，饮马黄河，问鼎中原等。D项排除。

知识点二　秦汉时期

考点梳理

一、秦朝

1. 建立：公元前230年到公元前221年，秦王嬴政陆续灭掉六国，建立起我国历史上第一个统一的中央集权的封建国家——秦朝，定都咸阳。

在中央实行，建立封建专制主义中央集权制度。

2. 重大举措：**三公九卿制**（三公：丞相：帮助皇帝处理全国的政事；太尉：负责管理军事；御史大夫：执掌群臣奏章，下达皇帝召令，兼理国家监察事务）、统一币制、度量衡、文字；"焚书坑儒"；修筑长城、兵马俑。

大泽乡起义	公元前209年，陈胜吴广，建立张楚政权，历史上第一次大规模农民起义

续表

刘邦项羽起义	公元前207年，项羽巨鹿之战打败秦军主力；刘邦攻入咸阳，秦亡。 **项羽：**作壁上观、破釜沉舟、巨鹿之战、锦衣夜行、沐猴而冠、垓下之战、四面楚歌、霸王别姬、乌江自刎。 **刘邦：**公元前206年，刘邦进入咸阳之后，与民**约法三章。** **鸿门宴：**项庄舞剑，意在沛公；人为刀俎，我为鱼肉

二、两汉时期

（一）西汉建立

公元前202年，刘邦称帝，建立汉朝，定都长安，史称西汉。刘邦就是汉高祖。

汉初三杰：

韩信：**胯下之辱、多多益善、背水一战、明修栈道、暗度陈仓**、成也萧何败也萧何、国士无双。

萧何：萧规曹随。

张良：运筹帷幄、明哲保身。

发展历程

（1）汉高祖：无为而治。

（2）文帝、景帝：“文景之治”。

（二）汉武帝：鼎盛时代

政治上：

（1）重视人才。汉武帝鼓励推荐人才，建立了地方每年向中央举荐人才的制度。

（2）颁布**“推恩令”**。进一步削弱王国势力，加强中央对地方的控制。

经济上：

（1）统一铸钱。取消地方的铸币权，改由中央统一发行五铢钱。

（2）盐铁官营。取消地方的盐铁经营权，改由中央实行专卖。增加了国家财政收入。

思想上：

接受董仲舒的建议，**“罢黜百家，独尊儒术”**，把儒家学说作为封建统治的正统思想，排斥其他各家思想。

文化上：

大力推行儒学教育，在长安兴办**太学**，在地方兴办郡国学。太学是我国古代的最高学府。孔子的儒家学说，从汉武帝开始，成为封建社会的正统思想。

军事上：

北击匈奴（卫青、霍去病）。

民族上：

（1）张骞出使西域

①公元前 138 年，获得了大量的关于西域的资料。

②公元前 119 年，第二次出使西域。促进了汉朝和西域各国的交往。

③公元前 60 年，**西汉设置西域都护府。**

④东汉汉明帝时期，派班超经营西域。加强了西域与内地的联系。

（2）丝绸之路

丝绸之路开通的直接原因：张骞出使西域。

路线：长安—玉门关—阳关。最南：大秦，最北：里海沿岸。

输出：铸铁术、井渠法、造纸术、养蚕缫丝、铁器、丝绸。

输入：佛教、葡萄、石榴、胡豆、胡瓜、胡桃、良马。

（三）东汉建立

公元 9 年王莽篡汉，西汉灭亡，昆阳大战（刘秀与王莽大将王邑的决战），刘秀灭掉王莽大军主力。公元 25 年刘秀建立东汉，定都洛阳。光武帝刘秀统治时期采取一系列措施，恢复、发展社会生产，出现了**“光武中兴”**的治世。

三、科学技术

（一）西汉

西汉时编订的**《黄帝内经》是我国现存最早的医书**。

汉武帝时制定的**“太初历”是我国保存下来的第一部完整历法**。

（二）东汉

东汉张衡发明地动仪，是**世界上最早的地震仪器。**

东汉的**《九章算术》**奠定了中国古代数学以计算为中心的特点。

东汉时的**《神农本草经》是我国第一部完整的药物学著作，张仲景的《伤寒杂病论》奠定了中医治疗学的基础。**

东汉华佗配制的全身麻醉药剂，是世界医学史上的创举。

四、文化

1. 史书

（1）**《史记》——第一部纪传体通史**：西汉武帝时期司马迁所著，**“究天人之际，通古今之变，成一家之言”**；**被鲁迅誉为“史家之绝唱，无韵之离骚”**。

（2）**《战国策》：国别体史书，西汉刘向编订**，主要记载战国时期谋臣纵横捭阖的斗争，是古代记载战国时期政治斗争的一部最完整的著作。

（3）**《汉书》——第一部纪传体断代史**；东汉时期班固编撰，与**《史记》《后汉书》《三国志》并称“前四史”**，开断代纪传表志体先河。

2. 文学

（1）汉赋：散韵结合、专事铺叙；司马相如《子虚赋》《上林赋》《长门赋》。

（2）**《淮南子》**：西汉淮南王刘安组织编纂，录有神话女娲补天、后羿射日、共工怒触不周山、嫦娥奔月、大禹治水等。

（3）乐府诗：《陌上桑》**《孔雀东南飞》《木兰辞》，后二者合称“乐府双璧”**。

华图点拨

白马寺：汉明帝时期建立，是佛教传入中国后兴建的第一座官办寺院，有中国佛教的“祖庭”和“释源”之称，距今已有1900多年的历史。

试题演练

（单选题）近年来，VR体验如火如荼，山东某博物馆引入VR技术，让民众体验山东历史文化魅力，以下不可能在博物馆体验到的历史场景是(　　)

A. 孟良崮战役　　B. 长勺之战

C. 巨鹿之战　　D. 甲午海战

【答案】C

【解析】巨鹿之战（公元前207年）是以楚军为首的各诸侯义军与秦军在巨鹿（今河北邢台平乡）进行的一场战役。最终义军以少胜多大败秦军，秦朝主力尽失。项羽在此战中破釜沉舟，确立了他在各路义军中的领导地位。巨鹿之战是秦末农民大起义走向最后胜利的关键性一战，也是中国历史上著名的以少胜多的战役之一，为彻底埋葬秦王朝的统治奠定了基础。巨鹿之战发生在河北，在山东博物馆不可能

看见。因此，选择C选项。

【拓展】A项：孟良崮战役是解放战争时期中国人民解放军华东野战军对国民革命军整编第74师进行的进攻作战。此次战役是为了迎击国民党军队在山东解放区发动的重点进攻。继泰蒙战役之后，华东野战军在陈毅、粟裕、谭震林的指挥下，继续执行内线作战方针，于1947年5月中旬在山东临沂以北的孟良崮地区打响战役。A项排除。

B项：长勺之战发生于春秋时期周庄王十四年，齐桓公二年，鲁庄公十年。齐鲁两个诸侯国交战于长勺，最后以齐国失败、鲁国胜利而告终。公元前684年，齐桓公派兵攻鲁，当时齐强鲁弱，两军在长勺（今山东莱芜东北部）相遇。鲁军按兵不动，齐军三次击鼓发动进攻，均未奏效，士气低落。之后鲁军一鼓作气，打败齐军。后乘胜追击，获得了长勺之战的胜利。B项排除。

D项：甲午海战指1894年9月17日中国和日本发生在黄海北部东港市大东沟海域的一次海战，该次海战以中国失败而告终，导致清政府被迫签订《马关条约》，清政府花费数百万两白银打造的北洋水师在与日本联合舰队的一系列激烈交战后，损失惨重，退守威海卫基地。1895年1月20日，日军入侵我国山东半岛东端的荣成湾，后又向威海发起进攻，旨在与北洋水师决战。D项排除。

知识点三　三国两晋南北朝

考点梳理

一、三国两晋

1. 200年，**官渡之战**，曹操VS袁绍，曹操大胜，**奠定了统一北方的基础。**

2. 208年，**赤壁之战**，孙刘联军VS曹操。孙刘联军获胜，**三国鼎立之势形成**。

3. 少数民族进攻——**淝水之战**。

东晋以少胜多，大败前秦。前秦统治瓦解，北方地区重新陷入割据混战状态，东晋取得暂时稳定，为经济发展提供了有利条件。**（苻坚：投鞭断流、风声鹤唳、草木皆兵）**

二、南北朝

1. 南朝：公元420年到589年，宋齐梁陈。

2. 北朝：公元 386 年到 581 年，北魏、东魏、西魏、北齐、北周。

3. 北魏孝文帝改革：

迁都洛阳，以更好地学习和接受汉族先进的文化。汉化政策：学汉语；穿汉服；用汉姓；与汉族联姻；采用汉族的官制、律令；学习汉族的礼法。

三、思想文化

1. 哲学

魏晋玄学：以老庄哲学为骨架和基础，杂糅儒家经义，以有无本末关系为中心问题的思辨体系。主要人物：何晏、王弼、嵇康、阮籍、郭象。

2. 科技

数学：祖冲之：南朝，圆周率；

农学：**贾思勰：北朝，《齐民要术》；**

地理：**郦道元：北魏，《水经注》。**

3. 艺术

王羲之：东晋，书圣，《兰亭序》；

顾恺之：东晋，画家，《女史箴图》和《洛神赋图》。

4. 文学

三曹：曹操：《观沧海》；曹丕：《燕歌行》；曹植：《白马篇》《洛神赋》。

建安七子：孔融、陈琳、王粲、徐干、阮瑀、应玚、刘桢。

竹林七贤：嵇康、阮籍、山涛、向秀、刘伶、王戎及阮咸七人，先有七贤之称。

陶渊明：田园诗人，《桃花源记》《归去来兮辞》《归园田居》。

范晔：《后汉书》；刘义庆：《世说新语》；刘勰：《文心雕龙》，文艺理论专著。

华图点拨

“三玄”：《老子》、《庄子》和《周易》。

前四史：《史记》、《汉书》、《后汉书》和《三国志》

试题演练

（单选题）（　　）中国古代军事史上最早、规模最大、最彻底的大型歼灭战。

A. 官渡之战　　B. 赤壁之战

C. 长平之战　　D. 淝水之战

【答案】C

【解析】长平之战，是秦国率军在赵国的长平（今山西省晋城高平市西北）一带同赵国军队发生的战争。长平之战发生时间是公元前260年5月至10月。秦、赵两国因争夺上党而爆发大规模的战争。从秦国出兵使韩国割让上党到秦国获胜，耗时三年。而长平之战仅仅持续了5个月，赵军最终战败，秦国获胜进占长平，此战共斩首坑杀赵军约45万人。长平之战是战国历史的最后转折，这场战役是中国古代军事史上最早、规模最大、最彻底的大型歼灭战。因此，选择C选项。

【拓展】A项：官渡之战是东汉末年"三大战役"之一，也是中国历史上著名的以弱胜强的战役之一。建安五年（公元200年），曹操军与袁绍军相持于官渡（今河南中牟东北），在此展开战略决战。曹操奇袭袁军在乌巢的粮仓（今河南封丘西），继而击溃袁军主力。此战奠定了曹操统一中国北方的基础。A项不符合题意，排除。

B项：赤壁之战是指东汉末年孙权、刘备联军于建安十三年（208年）在长江赤壁（今湖北省赤壁市西北）一带大破曹操大军的战役。这是中国历史上以少胜多、以弱胜强的著名战役之一，是三国时期"三大战役"中最为著名的一场，也是中国历史上第一次在长江流域进行的大规模江河作战。B项不符合题意，排除。

D项：淝水之战，发生于公元383年，是东晋十六国时期北方统一政权前秦向南方东晋发起的一系列侵略吞并战役中的决定性战役，前秦出兵伐晋，于淝水（今安徽省寿县的东南方）交战，最终东晋仅以八万军力大胜八十余万（实则仅二十多万）前秦军。D项不符合题意，排除。

知识点四　隋唐时期

考点梳理

一、隋唐概况

（一）两姓更迭

1. 公元581年，杨坚废黜北周帝自立，国号隋，定都长安，建元开皇，即隋文帝。

2. 公元618年，李渊称帝，建立唐朝，年号武德，定都长安。

（二）盛世之治

隋唐时期，继续实行并改进均田制和租庸调制，极大地推动了社会经济的恢复和发展。

1. **隋文帝：“开皇之治”。**

2. **唐太宗**：626年，李世民即位，开创**“贞观之治”**。

3. **武则天：“贞观遗风”**。

4. 唐玄宗：唐玄宗开元年间（公元713—741年），称“开元盛世”，是中国古代历史上最为繁盛的时期。

（三）割据到灭亡

1. **安史之乱**：安禄山、史思明。

2. **黄巢起义**：王仙芝、黄巢。

二、相关制度

1. 科举制度：隋炀帝时，科举制度正式形成。

唐宋是科举制度的鼎盛时期，明清时期，科举制度逐渐走向衰败。

隋朝大业三年（607）到清朝光绪三十一年（1905）。

隋文帝——分科考试。

隋炀帝——始设进士科，考查对时事的看法。

武则天——殿试和武举。

2. **三省六部制**：三省六部制是西汉以后长期发展形成，至隋朝正式确立，唐朝进一步完善的一种政治制度。隋唐至宋的中央最高政府机构。

三省：中书省（决策机构，负责草拟和颁发皇帝的诏令）、门下省（审议机构，负责审核政令）、尚书省（执行机构，负责执行国家的重要政令）。

六部：尚书省下属的吏部、户部、礼部、兵部、刑部、工部。

吏部：掌管全国官吏的任免、考课、升降、调动等事务。

户部：掌管户籍财经的机关。

礼部：考吉、嘉、军、宾、凶五礼之用；管理全国学校事务及科举考试及藩属和外国之往来事。

兵部：掌管选用武官及兵籍、军械、军令等。

刑部：主管全国刑罚政令及审核刑名的机构。

工部：掌管营造工程事项的机关。

三、科技文化成就

1. 医学：

（1）《备急千金要方》，简称**《千金要方》或《千金方》，唐代孙思邈（“药王”）著**，是综合性临床医著。该书集唐代以前诊治经验之大成，对后世医学影响深远。

（2）唐高宗修《唐本草》，是世界上第一部由国家权力机关颁布的、具有法律效力的药学专著，被认为是世界上最早出现的药典。

2. 天文：

唐朝的天文学家**僧一行（本名张遂）制订《大衍历》，**该历法体统周密，表明中国古代历法体系成熟。一行还是世界上用科学方法实测地球子午线长度的创始人。

3. 科技：

（1）**雕版印刷术**：在版料上雕刻图文进行印刷的技术。隋唐时期，经济的发展、佛教的盛行以及科举制度的进步，都刺激了雕版印刷的产生和发展。

（2）**火药**：发明于隋唐时期。到**唐朝末年，已被用于军事**。我国是世界上发明火器最早的国家。

4. 建筑

（1）**隋大兴城**：又称唐代长安城，始建于隋朝，在宇文恺的主持下兴建。唐朝易名为长安城，是隋唐两朝的首都，也是当时世界上规模最大的城市。1996 年，隋大兴唐长安城遗址被国务院公布为第四批全国重点文物保护单位之一。

（2）**赵州桥**：又称安济桥，坐落在河北省赵县。建于隋代大业年间，由著名匠师李春设计和建造，是当今世界上现存最早、保存最完整的古代敞肩石拱桥。1961 年被国务院列为第一批全国重点文物保护单位。

5. 艺术

敦煌莫高窟：俗称千佛洞，位于甘肃省敦煌市，被誉为 20 世纪最有价值的文化发现，是世界上现存规模最大、内容最丰富的佛教艺术圣地。1961 年，被公布为第一批全国重点文物保护单位之一。1987 年，被联合国教科文组织列为世界文化遗产。

四、思想文化

（一）初唐四杰

1. 王勃、杨炯、卢照邻、骆宾王。

2. 王勃：《滕王阁序》《送杜少府之任蜀州》（海内存知己，天涯若比邻。）。

（二）盛唐

1. 诗派

山水田园	王维	字摩诘，称王右丞，“诗佛”。“诗中有画画中有诗”	《九月九日忆山东兄弟》（独在异乡……遥知兄弟……） 《使至塞上》（大漠孤烟……长河……） 《送元二使安西》（渭城朝雨浥轻尘…西出阳关无故人。）
	孟浩然	世称“孟襄阳”	《春晓》《宿建德江》
边塞	岑参	《白雪歌送武判官归京》（北风卷地白草折，胡天八月即飞雪。忽如一夜春风来，千树万树梨花开。）	
	王昌龄	《出塞》（秦时明月汉时关，万里长征人未还。但使龙城飞将在，不教胡马度阴山。），七绝圣手	
	高适	《别董大》（千里黄云白日曛，北风吹雁雪纷纷。莫愁前路无知己，天下谁人不识君。）	

2. 李杜

李白	字太白，号青莲居士，“诗仙”	《蜀道难》《行路难》《梦游天姥吟留别》《将进酒》
杜甫	字子美，自号少陵野老，世称“杜工部”，“诗圣”，其诗被称为“诗史”	“三吏”《新安吏》《石壕吏》《潼关吏》；“三别”《新婚别》《垂老别》《无家别》

（三）中晚唐

白居易	字乐天，号香山居士，“诗魔”“诗王”	《长恨歌》（回眸一笑百媚生，六宫粉黛无颜色。……在天愿作比翼鸟……天长地久有时尽……）；《琵琶行》
李贺	字长吉，“诗鬼”	《雁门太守行》（黑云压城城欲摧，甲光向日金鳞开。）

续表

刘禹锡	字梦得	《陋室铭》《乌衣巷》
李商隐	字义山，号玉溪生，七律圣手	《无题》《锦瑟》
杜牧	字牧之，号樊川居士	《泊秦淮》《阿房宫赋》《过华清宫》

华图点拨

四大石窟：莫高窟（甘肃敦煌）、龙门石窟（河南洛阳）、云冈石窟（山西大同）、麦积山石窟（甘肃天水）。

试题演练

（单选题）唐诗是我国古代文学发展的一个高峰，被称为“诗仙”的是(　　)

A. 李白　　B. 王维

C. 杜甫　　D. 白居易

【答案】 A

【解析】 李白，字太白，号青莲居士，又号“谪仙人”，唐代伟大的浪漫主义诗人，被后人誉为“诗仙”，与杜甫并称为“李杜”，为了与另两位诗人李商隐与杜牧即“小李杜”区别，杜甫与李白又合称“大李杜”。因此，选择A选项。

知识点五　五代十国、辽宋夏金

考点梳理

一、五代十国（公元907—960年）

公元907年，唐朝节度使朱温废掉唐朝皇帝，建立梁朝，历史上称为后梁。此后的50多年里，后梁、后唐、后晋、后汉、后周五个朝代，相继统治黄河流域，合称五代。同一时期，在南方各地和北方的山西，先后出现了10个割据政权，总称十国。到公元960年，宋朝建立，五代十国的分裂局面结束。

二、两宋（公元960—1127年）

（一）概况：

1. 北宋建立：公元960年，赵匡胤发动兵变，手下将士们拥立他为皇帝，取国号为“宋”，定都在开封，历史上称为北宋。

2. 重要事件：

（1）**“杯酒释兵权”**：宋太祖为加强中央集权，设酒宴，解除了石守信等人的兵权，这就是历史上有名的“杯酒释兵权”。

（2）**澶渊之盟**：1005 年。北宋与辽实力均衡的产物，每年送岁币，加重了北宋人民负担（不好的影响）。但此后，南北贯通，互市不绝，保持了一百多年相对和平的局面，双方的经济和文化都呈现出繁荣的景象。

（3）**靖康之变**：1127 年，金国掳徽、钦二帝，北宋灭亡，史称“靖康之变”。

（4）南宋建立：赵构在南京（今河南商丘）称帝，后来定都临安（今杭州），史称南宋。

（5）绍兴和议：1141 年，宋金形成南北对峙。

3. 文人改革梦：

（1）**庆历新政**：1043 年，范仲淹主持。主要内容：澄清吏治，富国强兵，厉行法治。

（2）**王安石变法**：1069 年**（北宋神宗）**，王安石推行新法，又称“熙宁变法”。颁布了“农田水利法”、均输法、青苗法、免役法（又称募役法）、市易法、方田均税法，并推行保甲法和将兵法以强兵。变法失败。王安石被列宁誉为“中国十一世纪伟大的改革家”。

（二）社会经济

1. 北宋兴起的**景德镇**后来成为著名的**瓷都**。

2. 北宋金属矿藏的开采量居世界首位。

3. 北宋前期四川地区出现了**世界上最早的纸币——“交子”**。

（三）科技

1. 北宋时，**毕昇发明活字印刷术**，对世界文明做出了卓越的贡献。

2. 北宋时，**沈括**创制先进、合理的历法——“十二气历”，著有**《梦溪笔谈》**。

3. 北宋时，李诫著《营造法式》，《营造法式》是世界上最早、最完备的建筑学著作。

（四）对外交流（海上贸易）

1. 专门机构：**市舶司**，管理对外贸易。

2. 重要港口：明州（宁波）、杭州、广州、**泉州最大**。

3. 贸易对象：浙东沿海对外贸易的主要国家是日本和高丽，广州、泉州主要对

其他地区。

三、文学艺术

（一）唐宋八大家——“韩柳曾王欧三苏”

韩愈	字退之，世称韩昌黎。唐代古文运动倡导者，苏轼称其为“文起八代之衰”	《师说》：古之学者必有师。师者，所以传道受业解惑也。 《马说》：世有伯乐，然后有千里马。
柳宗元	字子厚，人称“柳河东”“柳柳州”，唐代古文运动倡导者	《永州八记》《黔之驴》《小石潭记》《捕蛇者说》
欧阳修	字永叔，号醉翁，又号六一居士	《醉翁亭记》
苏洵	字明允，自号老泉	《六国论》
苏轼	字子瞻，号东坡居士	《赤壁赋》《江城子》《念奴娇》《水调歌头》
苏辙	字子由，自号颍滨遗老	《黄州快哉亭记》；《上枢密韩太尉书》
王安石	字介甫，号半山，封荆国公，王荆公、临川先生	《元日》《桂枝香》
曾巩	字子固，世称南丰先生	《墨池记》

（二）宋词

豪放派	范仲淹	字希文，世称范文正公	《岳阳楼记》
	辛弃疾	字幼安，别号稼轩	《永遇乐》《青玉案》
	岳飞	字鹏举	《满江红》《小重山》
	陆游	字务观，号放翁	《示儿》《钗头凤》
	苏轼	字子瞻，号东坡居士	《赤壁赋》《江城子》《念奴娇》《水调歌头》
婉约派	李煜	字重光，初名从嘉，称“千古词帝”	《虞美人》《浪淘沙》（独自莫凭栏，无限江山，别时容易见时难。流水落花春去也，天上人间。）
	柳永	原名三变，“凡有井水饮处，皆能歌柳词”	《雨霖铃》（寒蝉凄切，对长亭晚，骤雨初歇。）
	秦观	字少游，号淮海居士	《鹊桥仙》
	李清照	号易安居士，“千古第一才女”	《一剪梅》《声声慢》《醉花阴》

（三）《资治通鉴》

北宋司马光主编，以政治、军事和民族关系为主，兼及经济、文化和历史人物评价，目的是通过对事关国家盛衰、民族兴亡的统治阶级政策的描述警示后人。

华图点拨

北宋张择端的《清明上河图》是一幅风俗画的杰作，描写的是北宋都城开封（在河南，又称汴梁、东京）的繁荣景象。

试题演练

（单选题）百花堤位于山东济南天下第一泉风景区的大明湖上，为贯穿大明湖南北的旅游通道共同组成。百花堤最早的修建者是唐宋八大家之一的（　　）

A. 欧阳修　　B. 苏轼

C. 曾巩　　D. 柳宗元

【答案】C

【解析】百花堤亦称曾堤，最早由唐宋八大家（韩愈、柳宗元、欧阳修、苏轼、苏洵、苏辙、王安石、曾巩）之一的曾巩修建。世人将其与杭州苏堤相提并论。位于山东省济南市风景秀丽的大明湖上，为大明湖南岸通向北水门的长堤，由4座景观桥自南向北依次为百花桥、凝雪桥、竹韵桥、南丰桥连接起来组成。因此，选择C选项。

知识点六　元朝

考点梳理

一、概况

1. 1206年，铁木真被推举为蒙古的大汗，尊称为**“成吉思汗”**。其孙忽必烈1271年建立元朝（公元1271—1368年），称为元世祖。

2. 行省制度：元朝的疆域为历代最大。元朝实行行省制度，开省级制度先河。元朝的首都大都（今北京），是闻名世界的商业中心。**设宣政院，管理西藏地区，**至此，西藏正式成为中央政府直接管辖的地方行政区域。**元代设立的澎湖巡检司是台湾地区的首次官署设置。**

二、元曲

（一）概况

元杂剧：形成于宋末，繁盛于元代。

元曲四大家	代表作及人物
关汉卿	**《窦娥冤》—窦娥；《救风尘》—赵盼儿；《望江亭》—谭记儿**
马致远	**《汉宫秋》—王昭君、汉元帝；《青衫泪》—白居易**
郑光祖	**《倩女离魂》—张倩女**
白朴	《墙头马上》—裴少俊；《梧桐雨》—唐明皇、杨贵妃
1. **元曲四大悲剧**：《窦娥冤》《梧桐雨》《汉宫秋》《赵氏孤儿》 2. 元曲四大爱情剧：《拜月亭》、《西厢记》（王实甫著，崔莺莺、红娘、张生）、《墙头马上》、《倩女离魂》	

（二）元代其他作家

王实甫，今北京市人，代表作为**《西厢记》**，**主人公有张生、崔莺莺和红娘**，“红娘”正是由此而来。

华图点拨

战国时期建立县制，秦朝时建立郡县制，元朝时设立行省制。

试题演练

（单选题）元代文学的总趋向是正统的诗文衰落而新兴的戏曲繁荣，被誉为“曲家圣人”，他是我国戏剧史上作品最多，成就最大的一位作家，他一生创作了许多杂剧和散曲，他的剧作为元杂剧的繁荣与发展打下了坚实的基础，是元代杂剧的奠基人，他是(　　)

A. 白朴　　　　B. 马致远

C. 郑光祖　　　D. 关汉卿

【答案】D

【解析】关汉卿，原名不详，字汉卿，号已斋（又作一斋、已斋叟），汉族，解州（今山西省运城）人，元杂剧奠基人，与白朴、马致远、郑光祖并称为“元曲四大家”，关汉卿居四大家之首。他是我国戏剧史上作品最多，成就最大的一位作家，他一生创作了许多杂剧和散曲，他的剧作为元杂剧的繁荣与发展打下了坚实的基础，是元代杂剧的奠基人，被誉为“曲家圣人”。因此，选择D选项。

知识点七 明清时期

考点梳理

一、明朝

（一）建立

1368年，朱元璋率领农民起义，推翻元朝政权，建立了明朝，即明太祖。明初定都南京，后来，明成祖朱棣迁都北京。

（二）帝国发展

洪武之治—靖难之役—永乐盛世—郑和下西洋—土木堡之变—张居正变法—戚继光抗倭

（三）文学

1. 三言二拍

（1）**明代冯梦龙：《喻世明言》《警世通言》《醒世恒言》**。

（2）**明代凌濛初：《初刻拍案惊奇》《二刻拍案惊奇》**。

2. 汤显祖：中国明代戏曲家、文学家。江西临川人。在戏曲创作方面，反对拟古和拘泥于格律。作有传奇**《牡丹亭》（主角：杜丽娘和柳梦梅）**、《邯郸记》、《南柯记》、《紫钗记》，合称“玉茗堂四梦”又称“临川四梦”。

二、清朝

1. 1616年，努尔哈赤建立后金；1636年，皇太极改国号为“清”。1644年，清军自山海关南下，占领北京。

2. 康乾盛世

台湾：1662年，郑成功率领军队驱逐占据台湾的荷兰军队，收复了台湾；1684年，清朝廷在台湾设置台湾府，隶属于福建省。

平定三藩；雅克萨自卫反击战；平定回部大小和卓叛乱。

西藏：1724年，清朝廷确立了西藏宗教和政治领袖达赖和班禅必须经过中央政府册封的制度“金瓶掣签”，1727年，清朝廷开始在西藏设驻藏大臣，同达赖和班

禅共同管理西藏。

3. 文化

《四库全书》：清朝乾隆皇帝组织大批学者编写，为当时世界上最大的一部丛书。

三、明清小说

（一）四大奇书

1.《三国演义》：罗贯中著，以陈寿的《三国志》为蓝本。

2.《水浒传》：施耐庵著，**中国第一部用通俗口语写成的长篇小说。**

3.《西游记》：吴承恩著。

4.《金瓶梅》：兰陵笑笑生著，“四大奇书”之首，是中国文学史上第一部由文人独立创作的长篇小说名著，对《红楼梦》影响甚深。

（二）清代小说

1.《红楼梦》：前 80 回曹雪芹著，后 40 回高鹗续，中国古典小说的巅峰，“中国封建社会的百科全书”。

2.《聊斋志异》：蒲松龄著，古典文言短篇小说的巅峰。**“写鬼写妖高人一等，刺贪刺虐入木三分”，“鬼狐有性格，笑骂成文章”。**

华图点拨

郑和在 1405 年到 1433 年的近 30 年间，率领船队先后 7 次下西洋，到达亚、非 30 多个国家和地区。原产美洲的甘薯、玉米、马铃薯、烟草传入中国。

试题演练

（单选题）明代文学家罗贯中在《三国演义》中提到：“人闻江东外公有二女，长曰大乔，次曰小乔，有沉鱼落雁之容，闭月羞花之貌。”其中“落雁”指的是(　　)

A. 杨玉环　　　　B. 西施

C. 貂蝉　　　　D. 王昭君

【答案】 D

【解析】“四大美女”：西施、王昭君、貂蝉、杨玉环，享有“闭月羞花之貌，沉鱼落雁之容”的美誉。“闭月、羞花、沉鱼、落雁”是由精彩故事组成的历史典故：“沉鱼”，讲的是西施浣纱时的故事；“落雁”，是昭君出塞的故事；“闭月”，是述说貂蝉拜月的故事；“羞花”，谈的是杨贵妃观花时的故事。因此，选择D选项。

第二节　地理常识

知识点　中国疆域与地形

考点梳理

一、中国疆域

位置	**半球**	北半球、东半球
	维度	（大）北温带、（小）热带、（无）寒带
	海陆	背靠欧亚大陆、面向太平洋
疆域	**面积**	960万平方千米
	四至	鸡冠顶着漠河县，嘴喝两江汇合水，脚踏曾母暗沙岛，帕米尔高原摇摇尾
	临海	渤海、黄海、东海、南海
邻国	**陆上邻国**	我国共有14个陆上邻国，从东北向西再到西南，分别是朝鲜、俄罗斯、蒙古、哈萨克斯坦、吉尔吉斯斯坦、塔吉克斯坦、阿富汗、巴基斯坦、印度、不丹、尼泊尔、缅甸、老挝和越南 “朝俄蒙哈吉塔阿，巴印尼泊和不丹。缅甸老挝接越南，陆上邻国依次连”
	海上邻国	韩日菲文马印尼，隔海相望不分离

二、三大阶梯

三大阶梯	一级阶梯：青藏高原，柴达木盆地
	二级阶梯：内蒙古高原，黄土高原，云贵高原，塔里木盆地，准噶尔盆地
	三级阶梯：东北平原，华北平原，长江中下游平原，东南丘陵
分界线	一、二阶梯分界线：昆仑山—祁连山—横断山
	二、三阶梯分界线：大兴安岭—太行山—巫山—雪峰山

三、四大高原

名称	范围	主要特征
青藏高原	青海西藏全部、四川省西部	世界最高大高原，高寒、冰川雪峰广布
云贵高原	云南省东部、贵州省大部分	石灰岩广布，流水溶蚀作用强烈，地表崎岖不平
内蒙古高原	内蒙古大部、冀甘宁一部分	我国最平坦的高原，风力作用强烈，西部风蚀地貌
黄土高原	山西省全部、陕甘宁一部分	世界黄土分布最广，流水侵蚀作用强烈，沟壑纵横

四、四大盆地

名称	范围	主要特征
塔里木盆地	昆仑山与天山之间	我国面积最大盆地，有最大沙漠和最大内流河
准噶尔盆地	阿尔泰山与天山之间	面积第二大盆地，多风蚀地形，相对湿度较好
柴达木盆地	昆仑山与祁连山之间	我国地势最高盆地，东南部多盐湖和沼泽地
四川盆地	东巫山，西横断， 北大巴，南云贵	湿润外流盆地，多低山丘陵， 仅有面积较大的成都平原

五、三大平原

名称	范围	主要特征
东北平原	大小兴安岭、长白山之间	我国面积最大、地势最高的平原，黑土深广
华北平原	北靠燕山，南到淮河，西起太行	我国最完整的平原，由黄淮海冲积而成
长江中下游平原	巫山以东到海滨	我国地势最低平的平原，河湖密布，为著名水乡

六、三大丘陵

名称	位置	风景旅游区
辽东丘陵	辽东半岛上	千山
山东丘陵	山东半岛上	泰山

续表

名称	位置	风景旅游区
东南丘陵	江南丘陵、浙闽丘陵、两广丘陵等	黄山、庐山、武夷山、桂林山水

七、主要岛屿、半岛

三大岛屿	台湾岛	海南岛	崇明岛
三大群岛	舟山群岛	庙岛群岛	澎湖列岛
三大半岛	辽东半岛	山东半岛	雷州半岛
南海诸岛	东沙群岛	西沙群岛	南沙群岛

八、河流湖泊

（一）长江黄河

长江	①世界第三，亚洲第一，流经青、川、藏、滇、渝、鄂、湘、赣、皖、苏、沪**11个省级行政区**，注入东海 ②流经青藏高原、云贵高原、长江中下游平原三大地形区 ③流域面积最大的支流是**嘉陵江**。支流汉江上的**丹江口水库**为南水北调中线的水源地，**三峡电站**是世界上最大的水电站。是世界上**航运最繁忙**的河流
黄河	①世界第五，亚洲第二，流经青、川、甘、宁、蒙、陕、晋、豫、鲁**9个省级行政区**，注入渤海 ②流经地形区：青藏高原、内蒙古高原、黄土高原（土质疏松）、华北平原（沉积） ③中下游河床高于两岸，形成**“悬河”**。近年来频繁出现断流现象

（二）主要湖泊

最大淡水湖	鄱阳湖（江西）	**最大咸水湖**	青海湖（青海）
海拔最高湖泊	纳木错（西藏）	**海拔最低湖泊**	艾丁湖（新疆吐鲁番）
最长湖泊	班公错（西藏日土县）	**最深湖泊**	长白山天池（吉林）
矿化度最高	察尔汗盐湖（新疆柴达木）	**最小的湖（世界最小）**	辽宁本溪湖
五大淡水湖：江西鄱阳湖、湖南洞庭湖、江苏太湖、江苏洪泽湖、安徽巢湖			
五湖：彭蠡（即鄱阳湖）、洞庭湖、巢湖、太湖、鉴湖（鉴湖到了清代被洪泽湖代替）。 **四海：**东海、西海（现今的黄海）、南海、北海（现今的渤海）			

九、著名地貌

喀斯特地貌	又叫**岩溶地貌**，由水对可溶性岩石进行溶蚀形成的。湖南**张家界**、云南石林、贵州荔波、重庆武隆、四川九寨沟、贵州黄果树瀑布、广西**桂林山水**
丹霞地貌	福建**武夷山**、广东仁化丹霞山、江西龙虎山、甘肃张掖、贵州赤水、湖南崀山、美国科罗拉多大峡谷。2010 年，“中国丹霞”入选世界自然遗产
雅丹地貌	典型的风蚀地貌，青海柴达木盆地的**魔鬼城**
冰川地貌	由冰川作用塑造的地貌，属于**气候地貌**范畴

十、中国名山

（一）五岳三山

五岳			
东岳	泰山	山东泰安	自然与文化双遗产。五岳之首，天下第一山
西岳	华山	陕西华阴	自古华山一条路
南岳	衡山	湖南衡阳	五岳独秀
北岳	恒山	山西浑源	著名景点悬空寺
中岳	嵩山	河南登封	天下第一名刹少林寺
三山			
黄山	安徽黄山	我国第一个文化、自然双遗产，中华第一奇山，是世界地质公园。五岳归来不看山，黄山归来不看岳。**黄山四绝：奇松、怪石、云海、温泉**	
庐山	江西九江	“匡庐奇秀甲天下”，**世界文化遗产**	
雁荡山	浙江乐清	“东南第一山”	

（二）宗教名山

四大佛教名山	山西五台山（世界文化遗产）、四川峨眉山（文化与自然双遗产）、安徽九华山、浙江普陀山。五台山位于黄河流域，普陀山位于东海，其他位于长江流域
四大道教名山	湖北武当山（道教第一名山）、四川青城山、安徽齐云山、江西龙虎山。均位于长江流域

华图点拨

世界第一长河是尼罗河，第二长河是亚马孙河，第三长河是长江。

试题演练

（多选题）以下属于我国四大佛教名山的有（　　）

A. 山西五台山　　　　B. 四川峨眉山

C. 江西三清山　　　　D. 安徽九华山

【答案】 ABD

【解析】 中国佛教四大名山分别是山西五台山、浙江普陀山、四川峨眉山、安徽九华山，分别是文殊菩萨、观世音菩萨、普贤菩萨、地藏菩萨的道场。四大名山随印度佛教的传入，自中国汉朝开始建寺庙、修道场，延续至今。中华人民共和国成立后得到政府的历史性保护，确定作为文化文物重点管理单位，并对寺院进行了修葺，现已成为蜚声中外的宗教、旅游胜地。因此，选择 ABD 选项。

【拓展】 C 项：三清山又名少华山、丫山，位于中国江西省上饶市玉山县与德兴市交界处。因玉京、玉虚、玉华三峰宛如道教玉清、上清、太清三位尊神列坐山巅而得名。其中玉京峰为最高，海拔 1819.9 米，是江西第五高峰和怀玉山脉的最高峰，也是信江的源头。四大道教名山：湖北武当山（道教第一名山）、四川青城山、安徽齐云山、江西龙虎山。C 项排除。

第三节　科技常识

知识点一　物理常识

考点梳理

（一）光学知识		
原理	**知识点**	**应用举例**
光学常识	（1）光的色散是一种把太阳光分解成红、橙、黄、绿、蓝、靛、紫等色光的现象。 （2）**光的三原色**是**红、绿、蓝**，而**颜料的三原色是红、黄、蓝。** （3）红外线：太阳光色散区域中，红光外侧的不可见光叫作红外线。红外线能使被照射的物体发热，具有热效应。常用于**红外探测器、红外照相机、红外夜视仪、追踪导弹**等。 （4）紫外线：太阳光色散区域中，紫光外侧的不可见光叫作紫外线。它能使荧光物质发光，另外还可以灭菌。**常用于验钞机、紫外线杀菌**等	
光的直射	光在均匀介质中沿直线传播，在真空中传播速度最快	射击瞄准镜、小孔成像、日食

续表

<table>
<tr><th colspan="6">（一）光学知识</th></tr>
<tr><td rowspan="4">光的反射</td><td rowspan="3">镜面反射</td><td>平面镜</td><td colspan="3">倒影、潜望镜、平面镜</td></tr>
<tr><td rowspan="2">球面镜</td><td>凸面镜</td><td>发散光线</td><td>机动车后视镜，街头反光镜</td></tr>
<tr><td>凹面镜</td><td>会聚光线</td><td>天文望远镜、台灯、雷达</td></tr>
<tr><td>漫反射</td><td colspan="3">物体凹凸不平的表面会把光线向四面八方反射。漫反射的每条光线均遵循反射定律</td><td>自行车尾灯、交警衣服的反光条</td></tr>
<tr><td rowspan="3">光的折射</td><td>定义</td><td colspan="3">光线从一种介质斜射入另一种介质时，传播方向发生偏折</td><td>筷子变弯，池水变浅，海市蜃楼</td></tr>
<tr><td>凹透镜</td><td>发散光线</td><td colspan="3">猫眼、矫正近视（近视镜）</td></tr>
<tr><td>凸透镜</td><td>会聚光线</td><td colspan="3">照相机、投影仪、放大镜、矫正远视（远视镜）</td></tr>
</table>

<table>
<tr><th colspan="4">（二）声学知识</th></tr>
<tr><th>原理</th><th colspan="2">知识点</th><th>应用举例</th></tr>
<tr><td>声音传播</td><td colspan="2">声音靠介质传播。传播速度：气体<液体<固体，声音不能在真空中传播</td><td>日常交流</td></tr>
<tr><td>声音反射</td><td colspan="2">声波碰到一个障碍物时，会弹回来</td><td>回声、声呐技术</td></tr>
<tr><td>声音衍射</td><td colspan="2">声波传播过程中遇到障碍物时，部分声波会绕至障碍物背后并继续向前传播</td><td>但闻其声，不见其人</td></tr>
<tr><td rowspan="3">声音属性</td><td>音调</td><td>声音的高低。音调的高低由物体振动的快慢决定，频率用来表示物体振动的快慢，单位为赫兹（Hz）。物体振动的频率和音调成正比</td><td>女声一般比男声更尖锐</td></tr>
<tr><td>响度</td><td>声音的强弱。响度与物体的振幅有关，单位是分贝 dB。振幅和响度成正比</td><td>家里电视声音开大开小</td></tr>
<tr><td>音色</td><td>反映声音特征的因素，不同发声体发出的声音，即使音调和响度相同，我们还是能够分辨它们</td><td>根据声音辨别人、同一首曲子根据声音辨别乐器</td></tr>
</table>

（三）热学知识		
原理	知识点	应用举例
熔化	物质从固态变成液态，熔化吸热	冰化成水、蜡烛化掉
凝固	物质从液态变成固态，凝固放热	水结冰
汽化	物质从液态变为气态，汽化吸热	蒸发、沸腾、擦酒精降温
液化	物质从气态变成液态，可以通过降低温度、压缩体积实现液化，液化放热	夏季水缸出汗
升华	物质从固态直接变成气态，升华吸热	冬天冰冻的衣服变干、灯丝变细、樟脑丸变小
凝华	物质由气态直接变成固态，凝华放热	霜、树挂、窗花
分子扩散	物体内的分子永不停息地做无规则运动	酒香不怕巷子深、近朱者赤
热胀冷缩	物体受热时会膨胀，遇冷时会收缩	水银温度计、夏天架设电线要略有下垂、水泥路面留有空隙

华图点拨

平面镜成像的特点：

1. 平面镜所成的像的大小与物体的大小相等。

2. 像和物体到平面镜的距离相等，像和物体的连线与镜面垂直。（常简述为：平面镜所成的像与物体关于镜面对称。）

3. 平面镜所成的像是虚像。

试题演练

（单选题）与日环食成因相同的有（　　）

A. 太阳伞遮阳、月食、小孔成像、激光准直

B. 彩虹

C. 海市蜃楼

D. 放大镜

【答案】A

【解析】日环食是日食的一种，是根据光的直线传播形成的。

①太阳伞就是主要用于遮防太阳光直接照射及阻挡雨水的伞，遮阳是根据光沿直线传播的原理。

②月食指当月球运行至地球的阴影部分时，在月球和地球之间的区域会因为太阳光被地球所遮蔽，就看到月球缺了一块，是光的直线传播形成的。

③小孔成像是一种因为光沿直线传播而形成的物理学现象。

④激光准直仪将激光束作为定向发射而在空间形成的一条光束作为准直的基准线，以标定直线的一种工程测量仪器，运用的是光沿直线传播的原理。因此，选择A选项。

【拓展】B项：彩虹，又称天弓（客家话）、天虹、绛等，简称虹，是气象中的一种光学现象，当太阳光照射到半空中的水滴，光线被折射及反射，在天空上形成拱形的七彩光谱，由外圈至内圈呈红、橙、黄、绿、蓝、靛、紫七种颜色。B项不符合题意，排除。

C项：海市蜃楼，又称蜃景，是一种因为光的折射和全反射而形成的自然现象，是地球上物体反射的光经大气折射而形成的虚像。其本质是一种光学现象。C项不符合题意，排除。

D项：放大镜是凸透镜，是用来观察物体微小细节的简单目视光学器件，是焦距比眼的明视距离小得多的会聚透镜。物体在人眼视网膜上所成像的大小正比于物对眼所张的角（视角）。D项不符合题意，排除。

知识点二　生物医学

考点梳理

一、人体系统

人体由九大系统组成，即运动系统、消化系统、呼吸系统、泌尿系统、生殖系统、内分泌系统、免疫系统、神经系统和循环系统。

	组成	常见疾病
运动系统	骨、关节和骨骼肌	肩周炎、骨质增生、佝偻病、骨质疏松、骨折等
消化系统	消化道：口、咽、食道、胃、小肠、大肠、肛门	肝胆疾病（胆结石、肝硬化、肝炎）、消化道溃疡、肠胃炎、痔疮等
	消化腺：胰腺、肝脏、唾液腺、胃腺、肠腺等	

续表

	组成	常见疾病
呼吸系统	呼吸道、肺血管、肺和呼吸肌	肺部疾病（肺炎、肺心病、肺结核等）、支气管炎、哮喘、感冒等
泌尿系统	肾（产生尿液）、输尿管（将尿液输送至膀胱）、膀胱（储存尿液）和尿道（排出尿液）	肾病（肾炎等）、泌尿系统结石（输尿管结石、肾结石、膀胱结石）等
循环系统	输送**营养物质**和**代谢产物** 输送热量到身体各部以保持体温 输送激素到靶器官以调节其功能	心血管疾病（冠心病、高血压、心绞痛等）
生殖系统	功能：繁殖后代和形成并保持第二性特征	不孕症、痛经、前列腺炎等
神经系统	中枢神经系统：脑和脊髓 周围神经系统：脑神经、脊神经和内脏神经	智商低下、癫痫病、多动症、老年痴呆
内分泌系统	功能：传递信息，参与调节机体新陈代谢、生长发育和生殖活动，维持机体内环境稳定	糖尿病、甲状腺疾病（甲状腺机能减退、甲状腺功能亢进）
免疫系统	免疫器官（骨髓、脾脏、淋巴结、扁桃体等）+免疫细胞（淋巴细胞等）+免疫分子（免疫球蛋白、干扰素等）	艾滋病、风湿性关节炎

二、血液血型

1. 血液

血液，由血浆（约占55%）、血细胞（又称血球，约占45%，由红细胞、白细胞、血小板组成）构成，对维持生命起重要作用		
静脉血	**含较多二氧化碳，呈暗红色**	**注意并不是静脉中流的血是静脉血，动脉血中流的是动脉血。**因为肺动脉中流的是静脉血，肺静脉中流的是动脉血
动脉血	**含氧较多**、二氧化碳较少，呈**鲜红色**	在体循环（大循环）的动脉中流动的血液以及在肺循环（小循环）中从肺回到左心房的肺静脉中的血液
红细胞	主要的功能是**运送氧**。红细胞较少，就会贫血	

续表

白细胞	主要扮演了**免疫**的角色。当病菌侵入人体时，白细胞能穿过毛细血管壁，集中到病菌入侵部位，将病菌包围，吞噬。白细胞疾病：白细胞减少症、急性白血病、慢性白血病、恶性淋巴瘤等
血小板	**止血**过程中起着重要作用。出血性疾病：**紫癜、血友病**等

2. 血型

血型：是对血液分类的方法，通常指红细胞的分型，依据是红细胞表面是否存在某些可遗传的抗原物质。最重要的两种为“ABO 血型系统”和“Rh 血型系统”。

ABO 血型可分为**A、B、AB 和 O 型**等 4 种血型。AB 型可以接受任何血型的血液输入，因此被称作万能受血者。O 型可以输出给任何血型的人体，因此被称作万能输血者、异能血者。

血型系统对输血具有重要意义，以**不相容的血型输血可能导致溶血反应**的发生，造成溶血性贫血、肾衰竭、休克以至死亡。

三、人体所需的营养元素

	类型	缺乏症	来源
维生素	维生素 A	缺乏易导致夜盲症	鱼肝油、动物肝脏、绿色蔬菜
	维生素 B1	缺乏易导致脚气病、神经性皮炎	豆类、谷类、硬果类、水果、牛奶和绿叶菜
	维生素 B2	缺乏易导致口腔溃疡	肝脏、牛奶、鸡蛋、豆类、绿色蔬菜
	维生素 C	缺乏易导致坏血病	新鲜蔬菜、水果
	维生素 D	缺乏易导致软骨病（佝偻病）	唯一一种人体可以少量合成的维生素（多晒太阳可合成），鱼肝油、蛋黄、乳制品、酵母
	维生素 E	缺乏易导致溶血性贫血等	鸡蛋、肝脏、鱼类、植物油
	叶酸	缺乏易导致贫血	酵母、肝脏、绿叶蔬菜

华图点拨

中医的五脏六腑：

（1）“脏”是指实心有机构的器官，心、肝、脾、肺、肾为五脏。

（2）“腑”是指空心的器官，胆、胃、大肠、小肠、膀胱、三焦为六腑。

试题演练

（单选题）血型中的（　　）可以接受任何血型的血液输入，被称为万能受血者。

A. O 型　　B. A 型

C. B 型　　D. AB 型

【答案】 D

【解析】 虽然 AB 型血细胞中有相应抗原，但由于输入的主要是血细胞，血清很少，所以输入的凝集素也很少，凝集素和抗原的结合也较少，比较安全。因此，AB 型血被称为万能受血者，但是输血量也不能太大。因此，选择 D 选项。

【拓展】 每种血型的血清中都有特定的凝集素，A 型血的血清中有抗 B 凝集素；B 型血的血清中有抗 A 凝集素；O 型血中有抗 A 抗 B 两种凝集素。